问答中国式现代化

道阻且长 行则将至

李熠——著

CNS PUBLISHING & MEDIA | 湖南人民出版社 湖南电子音像出版社 Hunan Electronic And Audio-visual Publishing House

·长沙·

图书在版编目（CIP）数据

问答中国式现代化：道阻且长　行则将至 / 李熠著. --长沙：湖南人民出版社，(2024.11重印)
ISBN 978-7-5561-3460-1

Ⅰ. ①问…　Ⅱ. ①李…　Ⅲ. ①现代化建设－研究－中国　Ⅳ. ①D61

中国国家版本馆CIP数据核字（2024）第038602号

WENDA ZHONGGUOSHI XIANDAIHUA：DAO ZU QIE CHANG XING ZE JIANG ZHI
问答中国式现代化：道阻且长　行则将至

作　　者：李　熠
出版统筹：曾　散
责任编辑：谭　乐　周力文
装帧设计：杨发凯　宋　娟
责任校对：刘德华

出版发行：湖南人民出版社　湖南电子音像出版社
地　　址：长沙市营盘东路3号
邮　　编：410005

印　　刷：湖南印美彩印有限公司
版　　次：2024年3月第1版
印　　次：2024年11月第3次印刷
开　　本：710mm × 1000mm　1/16
印　　张：14
字　　数：150千字
书　　号：ISBN 978-7-5561-3460-1
定　　价：49.80元

营销电话：0731-82228602　　　（如发现印装质量问题请与出版社调换）

序章

必须把推进中国式现代化作为最大的政治

习近平总书记在2023年中央经济工作会议上明确强调："必须把推进中国式现代化作为最大的政治。"这一重大论断字字千钧，意深旨远，是以习近平同志为核心的党中央站在历史和全局高度，审时度势作出的最新重大战略判断，既实现了对习近平新时代中国特色社会主义思想的丰富发展，又开辟了对共产党执政规律、社会主义建设规律、人类社会发展规律认识的崭新境界，为全党前瞻性思考、全局性谋划、整体性推进中国式现代化提供了根本遵循。前进道路上，我们要深入学习领会这一重大论断，在党的统一领导下把中国式现代化宏伟蓝图一步步变成美好现实。

中国式现代化拥有科学的行动指南：中国化时代化的马克思主义不断彰显出巨大的理论指导力和实践引领力

习近平总书记指出，"实践告诉我们，中国共产党为什么能，中国特色社会主义为什么好，归根到底是马克思主义行，是中国化时代化的马克思主义行”。中国共产党一百多年的历史，总起来说是党团结带领人民不断把中国革命、建设、改革事业推向前进的历史，其所取得的成就与进步伟大辉煌。这期间，我们党团结带领人民在前进道路上遇到的艰难险阻也是世界上其他任何政党所不能比拟的，但我们党总是以“狭路相逢勇者胜”的大无畏精神攻坚克难、力挽狂澜。艰难困苦，玉汝于成。而这些问题之所以能够顺利解决，根本在于有一代又一代党的领导核心为党和人民事业发展掌舵领航，根本在于有既一脉相承又与时俱进的党的创新理论为党和人民事业发展提供科学理论指导。

党的十八大之后，我们党又有了习近平总书记这样一位众望所归的党的核心、人民领袖、军队统帅，这是党和国家之幸、人民之幸、中华民族之幸。中国化时代化的马克思主义最新理论成果——习近平新时代中国特色社会主义思想，指明了中国式现代化道路的新路径，开创了社会主义现代化国家建设的新局面。新时代以来，在这一光辉思想的指引下，我们经受住了来自政治、经济、意识形态、自然界等方面的风险挑战考验，攻克了许多长期没有解决的难题，办成了许多事关长远的大事要事，续写了经济快速发展和社会长期稳定两大奇迹，创造了新时代中国特色社会主义的伟大成就。作为习近平新时代中国特色社会主义思想的一个原创性科学概念和理论体系，中国式现代化的提出打破了西方对现代化理论的垄断，重构了世界现代化理论新谱系，既切中当下西方现代化发展模式的现实困境，又切中当下西方现代化理论解释力不足的思想困境。习近平总书记关于中国式现代化的重要论述系统地回答了中国式现代化的领导力量、核心主题、发展道路、根本价值、总体目标、基本特征、战略步骤等一系列基本问题，既讲是什么、为什么，又讲怎么看、怎么办，既部署“过河”的任务，又指导解决“桥或船”的问题。习近平总书记关于中国式现代化的重要论述作为习近平新时代中国特色社会主义思想的重要组成部分，生动体现了马克思主义世界观和方法论的统一，必将会在指引我们认识世界、改造世界的过程中，不断展示出巨大的理论指导力和实践引领力。

中国式现代化拥有显著的中国优势：我国的发展模式具有典型的后发优势和制度优越性

所谓“后发型现代化”是与“早发型现代化”相对应的概念。一般来讲，较之于“早发型现代化”，“后发型现代化”可以通过吸收和借鉴发达国家已经取得的成果和经验，缩短自己的发展路程，尽可能少走一些弯路，并在发展中实现某种程度的“跳跃”。从中国实际看，我们坚定不移全面深化改革、扩大高水平对外开放，完整、准确、全面贯彻新发展理念，加快构建新发展格局，着力推动高质量发展，就是要充分发挥和利用这种“后发优势”，为中国式现代化建设服务。改革开放四十余年的辉煌实践充分表明，我国对外开放的方针是完全正确的，成效是无比巨大的。我们的现代化事业之所以能在短短的几十年间迅速起飞并取得举世瞩目的成就，正是与我们通过对外开放大力吸收和借鉴了国外现代化建设的各种成果和经验分不开的。我们必须坚定不移地将这一重大决策坚决贯彻到底，充分利用“后发优势”更好更快地推进中国式现代化伟大进程。

同时，党的全面领导作为中国特色社会主义制度的最大优势，以其强大的政治领导力、思想引领力、社会号召力与群众组织力，凝聚起建设中国式现代化的磅礴伟力，成功快速推进了中国式现代化进程。比如，在国家重大工程建设方面，中国集中力量重点攻克重大项目或完成关键任务的能力远超过资本主义国家；比如，在尖端科技创新领域，举国体制聚焦于科技创新、攻坚克难，推动科技创新与经济社会发展深度融合；比如，在文化建设方面，举国体制促进了深刻的文化传承和创新，形成了独具鲜明中国特色的文化体系；比如，在国防领域，举国体制保障了国家安全和防务能力的全面提升，维护了国家在参与国际事务中的话语地位；比如，在社会管理与公共服务领域，举国体制通过高效的统一规划和执行，推动社会治理体系不断完善，促进公共服务水平不断提升。相信新型举国体制将在党的全面领导下，坚持科学统筹、集中力量、优化配合、协同攻关，必将在经济、文化、国防和社会等多个领域取得更大成就，不断为中国式现代化的全面推进提供无比坚实的制度支撑。

中国式现代化拥有最大的前进底气：在党的统一领导下坚守人民至上理念，突出现代化方向的人民性

习近平总书记强调："现代化不仅要看纸面上的指标数据，更要看人民的幸福安康。""我们要坚守人民至上理念，突出现代化方向的人民性。"中国式现代化之所以走得通、行得稳，关键在于坚持以人民为中心。从温饱不足到衣食无忧，从物资匮乏到物阜民丰，人民生活的巨大改善成为中国式现代化成功推进和拓展的鲜活注脚。中国式现代化坚持以马克思主义为指导，其追求就是实现全体人民共同富裕和人的全面发展；中国式现代化是中国共产党领导的社会主义现代化，以人的现代化为价值原点，始终坚持发展为了人民、发展依靠人民、发展成果由人民共享；中国式现代化坚持公有制为主体、多种所有制经济共同发展的经济制度，坚持和完善人民当家作主的政治制度，其制度目标就是保障人民共享财富、共享民主。中国式现代化拥有突出的人民导向，把造福人民作为现代化发展的方向，

是我们党执政兴国的最大底气。

中国式现代化道路是历史与人民的正确选择，是迈向中华民族伟大复兴的光明大道。当前，世界经济格局“东升西降”的态势将持续发展，世界权力重心加速向东方转移已经成为不争的事实，我国发展面临的有利条件强于不利因素，经济回升向好、长期向好的基本趋势没有改变。与此同时，随着世界百年未有之大变局加速演进，国际力量对比深刻调整，全球性问题加剧，世界进入新的动荡变革期。正是在这样的环境下，党的领导成为应对这一不确定性的最大确定性、最大底气、最大保证。在新时代的今天，只有中国共产党具有领导中国式现代化建设的强大能力，这种强大能力已经被中国共产党的百年光辉历史特别是党的十八大以来的非凡成就所证明。

征途如虹，浩荡前行。面向未来，我们要深刻领悟“两个确立”的决定性意义，坚决做到“两个维护”，不断提高政治判断力、政治领悟力、政治执行力，坚定不移在思想上政治上行动上同以习近平同志为核心的党中央保持高度一致，全面贯彻习近平新时代中国特色社会主义思想，在党的旗帜下团结成“一块坚硬的钢铁”，依靠改革破除发展瓶颈、汇聚发展优势、增强发展动力，坚定不移把改革开放进行到底，中国特色社会主义事业航船一定能劈波斩浪、一往无前，中华民族伟大复兴的宏伟目标一定能变为现实！

问答
WENDA
ZHONGGUOSHI
XIANDAIHUA
中国式现代化

目录

Contents

第一篇章

中国式现代化面临的形势与任务

问答
WENDA
ZHONGGUOSHI
XIANDAIHUA
中国式
现代化

第二篇章

中国式现代化独具的特色与优势

第三篇章

中国式现代化实现的进路与指南

问答

WENDA
ZHONGGUOSHI
XIANDAIHUA

中国式现代化

第一篇章

ZHONGGUOSHI
XIANDAIHUA
MIANLIN
DE
XINGSHI
YU
RENWU

中国式现代化面临的形势与任务

当前，世界百年未有之大变局加速演进，世界之变、时代之变、历史之变正以前所未有的方式展开。团结还是分裂？冲突还是和平？合作还是对抗？正是由于这些重大变化，世界又一次站在历史的十字路口，各国人民都需要作出重要抉择。

中国共产党的第三个历史《决议》强调，“一百年来，党既为中国人民谋幸福、为中华民族谋复兴，也为人类谋进步、为世界谋大同，以自强不息的奋斗深刻改变了世界发展的趋势和格局。党领导人民成功走出中国式现代化道路，创造了人类文明新形态，拓展了发展中国家走向现代化的途径，给世界上那些既希望加快发展又希望保持自身独立性的国家和民族提供了全新选择。”走在中国式现代化道路上，经过长期努力，特别是党的十八大以来的伟大奋斗，新时代中国的经济发展平衡性、协调性、可持续性明显增强，国家经济实力、科技实力、综合国力跃上新台阶，人民生活水平显著提高——也正是在这样的历史性成就和历史性变革中，萌发于革命年代、塑形于建设和改革年代的中国式现代化道路跃然而出，以“风景这边独好”的靓丽景象展现在世人面前。

1

如何理解当代中国正处于中华民族伟大复兴战略全局和世界百年未有之大变局？

当前，全球经济政治格局正在发生显著而深刻的变化，世界正在经历新一轮大发展、大变革、大调整。以习近平同志为核心的党中央强调，我们要“统筹把握中华民族伟大复兴战略全局和世界百年未有之大变局”，这是做好一切工作、抓住一切战略机遇、战胜一切风险挑战的重要前提。从总体来看，“两个大局”是辩证统一的，中华民族伟大复兴是世界百年未有之大变局的一部分，是世界百年未有之大变局的主体性内容和关键性变量。

什么是中华民族伟大复兴战略全局？中华民族伟大复兴的战略全局，讲的是国内大局。之所以是“战略全局”，在于中华民族伟大复兴是中华民族近代以来最伟大的梦想，是中国共产党肩负的历史使命，是改革发展稳定、内政外交国防、治党治国治军的奋斗目标。这个战略全局，不仅沿着中国式现代化道路逐步建成高度发达的社会主义物质文明，还要着眼全面，把中国建成富强民主文明和谐美丽的社会主义现代化强国。这个战略全局，不仅要实现国家富强、民族振兴、人民幸福，还要推动构建新型国际关系，推动构建人类命运共同体，为世界的和平与发展作出更大的中国贡献。

世界百年未有之大变局，讲的是当前国际格局和国际体系正在发生深刻调整，全球治理体系正在发生深刻变革，国际力量对比正在发生近代以来最具革命性的变化，世界范围呈现出影响人类历史进程和趋向的重大态势。纵观人类历史，世界发展从来都是各种矛盾相互交织、相互作用的综合结果，大变局孕育于其中，演进于其中。从 15 世纪以来，世界大体经历了 5 次大的变局。第一次是在 15 世纪至 16 世纪，新航路开辟和西方大航海时代到来，人类历史迈出向“世界历史”转变的第一步。第二次是在 17 世纪，欧洲主要势力签订《威斯特伐利亚和约》，确立国家主权平等的原则，搭建起一个有限的国际格局，但其他地域还没有纳入国际体系。第三次是在 18 世纪，第一次工业革命后，人类社会迈上了加速发展的轨道，科技革命和工业革命呼唤出来的巨大生产力，深刻改变了世界发展的既有格局。第四次是从 19 世纪初的维也纳体系，到第一次世界大战后的凡尔赛—华盛顿体系，再到第二次世界大战后的雅尔塔体系，其背后反映了世界大变局的演进发展。第五次是苏联解体、东欧剧变后两极格局瓦解，美国成为唯一超级大国，但几乎与此同时，世界各种力量不断发展壮大，多极化趋势愈加清晰。

当今，我们正在经历的是人类历史上第六次大变局，这次世界百年未有之大变局有何特点？进入 21 世纪，世界大变局的调整呈现出一系列前所未有的新特征新表现。第一，世界经济版图发生的深刻变化前所未有，发达国家和发展中国家在国际分工体系中的地位角色发生重大转变，发达国家经济增长乏力，新兴经济体和发展中国家在世界经济中占据越来越大的份额，世界经济重心加快“自西向东”位移。第二，新一轮科技革命和产业变革带来的新陈代谢和激烈竞争前所未有，不仅有力重构全球创新版图、重塑全球经济结构，而且深刻改变人类社会生产生活方式和思维方式，推动生产关系变革，给国际格局和国际体系带来广泛深远影响。第三，国际力量对比发生的革命性变化前所未有，发达国家内部矛盾重重、实力相对下降，一大批发展中国家群体性崛起，成为影响国际政治经济格局的重要力量。第四，全球治理体系的不适应、不对称前所未有，西方发达国家主导的国际政治经济秩序越来越难以为继，发展中国家在国际事务中的代表性和发言权不断扩大，全球治理越来越向着更加公平合理的方向发展。第五，人类前途命运的休戚与共前所未有，各国相互联系和彼此依存比过去任何时候都更频繁、更紧密，整个世界日益成为你中有我、我中有你的人类命运共同体。

处于百年未有之大变局中的世界，其不稳定性和失序状态日益显性化，其“变量”主要为以下五个方面：

一是世界格局之变。概言之就是从“一超多强”到“发展中国家群体崛起”，特别是中国全球化发展崛起。近年来，随着新兴经济体和发展中国家群体性崛起，百年来西方国家主导国际政治经济的情况正在发生根本性改变。2010年，中国GDP首次超越日本，成为世界第二大经济体，美国《华尔街日报》用“一个时代的结束”来形容这一历史性时刻。1990—2017年中国人均GDP（国内生产总值）增加10倍（903%），中国GDP虽然仍比美国少40%，但按照PPP（购买力平价）计算，中国2013年GDP已是世界第一。美欧等世界主要力量恰恰是世界格局之变的重要推手。美国特朗普政府上台后公开推行赤裸裸的“美国优先”政策，实施一系列逆全球化政策，不断退出有关国际组织和公约，破坏美国曾经主导形成的世界格局。美国的霸权主义政策导致了地区冲突的不断升级，也造成了全球治理体系的扭曲和不稳定。欧洲自冷战结束以后推行的一体化进程，近年来因为欧洲内部危机不断而步履蹒跚，特别是英国脱欧严重制约了欧洲一体化进程。

二是世界秩序之变。国际规则之变以美国近年来不断退出一系列国际组织和条约最为引人注目。比如，特朗普政府连续退出了《跨太平洋伙伴关系协定》、联合国教科文组织、《全球移民协议》、联合国人权理事会、伊朗核问题全面协议、《巴黎协定》《苏联和美国消除两国中程和中短程导弹条约》，阻挠世界贸易组织上诉机构法官任命导致该机构停摆，尤其是在全球抗疫的关键时刻退出世界卫生组织，扬言退出《开放天空条约》等。这一系列动作，导致已有国际规则和秩序摇摇欲坠。2020年百年罕见的世纪疫情全球大流行对世界及各国的治理体系（即规则和秩序）和治理能力是一次大考，将深刻影响国际规则和秩序的重构，未来十多年乃至更长时期将是国际规则、秩序博弈与调整的高度不确定期。面对这一复杂形势，中国始终坚持人民至上、生命至上,因时因势最大限度统筹疫情防控和经济社会发展,并向国际社会无私提供疫苗、物资、经验和信息。美国和欧洲的一些传统强国反而在疫情防控上惨败，美国等挑动一些国家不断“甩锅”和污蔑中国，导致国际秩序进一步陷入崩溃状态。中国在实现经济的崛起后，在国际上的地位出现变化是合理的，但美国担心中国在全球范围内挑战其领导地位和战略利益。未来的国际秩序重构之路必然漫长，结果取决于以中国与美国为首的两大世界体系的长期博弈的结局。

三是生产力之变。21 世纪以来特别是近 20 多年来，世界科技发展展现出系统化、突破性、叠加式发展态势。新一轮科技与产业变革则呈现出信息、能源、生命、材料等多科技领域创新突破群发涌现和汇聚融合等新特点，创新活动空间范围冲破前三次产业革命主要局限于欧美大陆的有限地域范围，向全球多地域、多点多极化遍布发展。新一轮科技与产业变革最引人注目的领域是信息科技与生命科技领域。数字信息网络技术正在加速数字经济、数字智慧社会的到来。数字化、数据转型将不断颠覆现有商业模式，催生出数据驱动的多样化商业平台；数据分析工具、算法和模型将重塑传统产业的结构和形态，催生众多的新行业、新产业、新业态、新模式。一系列基于数据的新兴前沿技术（人工智能、物联网、区块链等）的大规模应用将催生智慧社会的到来。物联网作为快速发展的新技术，到 2030 年预计将有 1250 亿台设备连接。这些互联设备的真正枢纽将是人体，物联网将转变为“我的互联网”。信息科技发展朝着万物互联、万物智能、万物交通等方向发展。近年来以基因编辑技术为代表的新兴生物技术也在颠覆性快速发展，基因编辑工具正变得越来越容易和低成本，基因编辑新技术、新成果、新应用持续加速涌现，为人体及其他生命体的遗传改造提供了前所未有的机会并展现出巨大未知可能。特别是生物技术与信息技术深度融合，在认知大脑乃至生命的奥秘等方面不断取得重大突破。新技术的突破性发展和社会化应用，对全球治理体系提出了严峻挑战。信息技术、生物技术的发展，带来了巨大的社会安全风险。

四是生产方式之变。18 世纪中叶的工业革命以来，人类的工厂化大生产大幅提高了劳动生产率，科技文明空前发展进步，支撑了全球人口数量的指数增长。与此同时，这样的生产方式和发展范式，也带来了严重的地球生态环境问题。在 20 世纪 80 年代人类就清醒认识到了这些问题并提出可持续发展的概念，国际社会也签订了一系列全球环境公约和协议。但有关地球生态与环境保护的进展却是很有限的，地球自然生态系统的“赤字”状态不断扩大。生产方式之变，是人类可持续发展的根本出路。人类必须从高消耗、高污染的传统工业化生产发展范式，向集约化、生态化、绿色化（低碳化）的可持续生产范式转变，这是人类可持续生存与发展的唯一出路。发展范式之变，需要全人类的集体行动。此次新冠疫情全球大流行再次告诫人类，生物安全、生态安全是人类生存和发展的底线。但人类保护生态环境的行动过于迟缓，人类发展范式生态化的转变依然太慢。

五是文明形态之变。人类文明还在不断向更高阶段发展，智能社会或智慧社会的发展形态日益鲜明。技术快速迭代式发展并向人类社会经济系统深入渗透和深入融合，可以预期，未来的“技术社会化”的发展趋势将是技术与人类的“融合”或者“合并”。技术的改进被用来为人类服务、提高生活质量，而且技术的进步速度突飞猛进，人与技术之间不可避免的高度关联，造就现实世界与虚拟世界合二为一的新型社会状态——智能社会或者智慧社会。机器也许最终会变得跟人类一样聪明，随着人与机器之间的鸿沟的持续缩小，终有一天人类将分不清彼此，技术与人将融合到一起。美国《连线》月刊创始人凯文·凯利曾说：“今后 30 年会发生的事情大多已经开启进程，并且受到已有技术力量的推动。”

习近平总书记指出：当前，我国处于近代以来最好的发展时期，世界处于百年未有之大变局，两者同步交织、相互激荡。世界百年未有之大变局为中华民族实现伟大复兴创造了重要的外部条件，为中国全面参与经济全球化并提升在世界的影响力和话语权提供了重要的历史契机。面对“两个大局”，在充分发挥中国特色社会主义制度优势的同时，我们也要“深刻认识我国社会主要矛盾变化带来的新特征新要求，深刻认识错综复杂的国际环境带来的新矛盾新挑战”。我们在较短的时间内取得了经济社会快速发展的成绩，然而发展不平衡不充分的问题仍然比较突出。在大历史的视野中观察，世界格局的变迁呈现出机遇与挑战并存、进步与退化同在的局面。“前所未有”的中国发展与“前所未有”的世界变革交织在同一时空，尽管发展过程中的不稳定性、不确定性因素在增多，但是我们坚持和发展中国特色社会主义，走出了中国式现代化道路。这不仅是一条实现中华民族伟大复兴的正确道路，也是一条中华文明的现代发展道路；不仅是中华文明日新又新的现代形态，也是人类文明通向光明未来的新形态。

历史从来不会青睐犹豫者、不会眷顾彷徨者。只有深刻洞察和科学运用规律，才能在贯通历史、现实和未来中赢得主动。历史发展是连续性和阶段性的统一。犹如接力赛跑，要实现最终胜利，必须每一棒都担当使命、拼尽全力、占位争先，积小胜为全胜。全面建设社会主义现代化国家，仍然是“做我们的前人从来没有做过的极其光荣伟大的事业”，还将继续进行具有许多新的历史特点的伟大斗争，必须准备为之付出更为艰巨、更为艰苦的努力。面对百年未有之大变局，胸怀中华民族伟大复兴战略全局，唯有增强历史定力，扛起历史使命，尽心竭力跑好我们这一棒，才能无愧历史、不负人民，才能以历史主动赢得战略主动、工作主动、未来主动，不断把中华民族伟大复兴的历史伟业推向前进！

2

如何把握全面建设社会主义现代化国家面临的形势？

当前，我国已经进入新发展阶段，实现中华民族伟大复兴进入了不可逆转的历史进程，但战略机遇和风险挑战并存，不确定难预料因素增多。

全面建设社会主义现代化国家，既是社会主义初级阶段我国发展的要求，也是我国社会主义从初级阶段向更高阶段迈进的要求。立足新发展阶段，既要把握实践发展的连续性，又要把握时代发展的阶段性，既要抓住国内外环境深刻变化带来的新机遇，又要准备迎接一系列新挑战，确保全面建设社会主义现代化国家开好局、起好步。

第一，我国发展面临的新的战略机遇。中国特色社会主义进入新时代，经过10多年的接续奋斗，党和国家事业取得历史性成就、发生历史性变革，我国发展站在了新的更高的历史起点上。

一是我国经济实力、科技实力、综合国力显著增强。截至2022年底，我国国内生产总值超过120万亿元，我国人均GDP为85698元，建成世界规模最大的教育体系、社会保障体系、医疗卫生体系，国家财政收入超过20万亿元，外汇储备超过3万亿美元。产业体系更加完备，我国是全世界唯一拥有联合国产业分类中全部工业门类的国家，形成了一批产品集中生产、专业化协作配套、产业链条成熟的产业集群，经济发展平衡性、协调性、可持续性明显增强。基础研究和原始创新不断加强，一些关键核心技术实现突破，载人航天、探月探火、深海深地探测、超级计算机、卫星导航、量子信息、核电技术、新能源技术、大飞机制造、生物医药等取得重大成果，进入创新型国家行列。基础设施更加完善，已经建成发达的现代综合交通体系，高铁运营里程超过 4 万公里，高速公路通车里程接近 17 万公里，全国光缆线路长度超 5400 万公里，移动电话基站超 990 万个。发展潜力巨大，一个 14 亿多人口的国家整体迈入现代化社会，形成的超大规模市场和需求潜力为未来发展创造出巨大空间，这些都为推进高质量发展、全面建设社会主义现代化国家打下了坚实的物质基础。在此期间，我国还在党的领导下历史性地解决绝对贫困问题，全面建成小康社会，前所未有地走近世界舞台中央，为实现第二个百年奋斗目标打下坚实基础，迎来新的战略机遇。

二是科技革命和产业变革带来新机遇。进入 21 世纪以来，新一轮科技革命和产业变革加速演变，以人工智能、量子信息、移动通信、物联网、区块链为代表的新一代信息技术加速突破应用，以合成生物学、基因编辑、脑科学、再生医学等为代表的生命科学领域孕育新的变革，融合机器人、数字化、新材料的先进制造技术正在加速推进制造业向智能化、服务化、绿色化转型，清洁能源技术加速发展引发全球能源变革，空间和海洋技术正在拓展人类生存发展新疆域。科学技术从来没有像今天这样深刻影响着国家前途命运，从来没有像今天这样深刻影响着人民生活福祉，也为我国发展提供了新的重大机遇。

三是全面深化改革，各领域基础性制度框架基本确立，许多领域实现历史性变革、系统性重塑、整体性重构，党的领导、人民当家作主、依法治国有机统一的制度建设全面加强，中国特色社会主义制度更加成熟更加定型。全党思想更加统一。党的领导方式更加科学，党的领导制度体系更加完善，党的政治领导力、思想引领力、群众组织力、社会号召力显著增强。社会主义民主政治制度化、规范化、程序化全面推进，人民依法享有和行使民主权利的内容更加丰富、渠道更加便捷、形式更加多样，程序合理、环节完整的协商民主体系更加完备，最广泛的爱国统一战线不断巩固和发展，民族区域自治制度更加完善，基层群众自治制度充满活力。法治国家、法治政府、法治社会建设一体推进，国家治理体系和治理能力现代化水平明显提高，为全面建设社会主义现代化国家提供了坚强制度保证。

四是国际影响力、感召力、塑造力显著提升。近年来，我国经济总量占世界总量的比重超过 18%，多年来对世界经济增长贡献率年均达到约 30%，稳居世界第二大经济体，是制造业第一大国、货物贸易第一大国、商品消费第二大国、外资流入第二大国，外汇储备连续多年位居世界第一，更大范围、更宽领域、更深层次对外开放格局已经形成。我们推动构建新型国际关系，积极参与全球治理体系改革和建设，推动经济全球化朝着更加开放、包容、普惠、平衡、共赢的方向发展，在气候变化、减贫、反恐、网络安全和维护地区安全等领域发挥重要作用，全面开展抗击新冠疫情国际合作，我国国际影响力、感召力、塑造力显著提升。

第二，我国发展面临的新的战略任务。一百多年来，中国共产党团结带领全党全国各族人民进行的一切奋斗，就是为了把我国建设成为现代化强国，实现中华民族伟大复兴。党的十八大以来，我们党在已有基础上继续前进，不断实现理论和实践上的创新突破，成功推进和拓展了中国式现代化。我们在认识上不断深化，创立了习近平新时代中国特色社会主义思想，实现了马克思主义中国化时代化新的飞跃，为中国式现代化提供了根本遵循。我们进一步深化对中国式现代化的内涵和本质的认识，概括形成中国式现代化的中国特色、本质要求和重大原则，初步构建中国式现代化的理论体系，使中国式现代化更加清晰、更加科学、更加可感可行。我们在战略上不断完善，深入实施科教兴国战略、人才强国战略、乡村振兴战略等一系列重大战略，为中国式现代化提供坚实战略支撑。我们在实践上不断丰富，推进一系列变革性实践、实现一系列突破性进展、取得一系列标志性成果，推动党和国家事业取得历史性成就、发生历史性变革，特别是消除了绝对贫困问题，全面建成小康社会，为中国式现代化提供了更为完善的制度保证、更为坚实的物质基础、更为主动的精神力量。

从现在起，中国共产党的中心任务就是团结带领全国各族人民全面建成社会主义现代化强国、实现第二个百年奋斗目标，以中国式现代化全面推进中华民族伟大复兴。当前，我国仍处于社会主义初级阶段的基本国情没有变，这决定了我们必须继续坚持党在社会主义初级阶段的基本路线，坚持以经济建设为中心，既做大“蛋糕”又分好“蛋糕”，推动共同富裕取得更为明显的实质性进展，并随着经济发展逐步实现共同富裕。根据我国人均资源占有量少的基本国情和高质量发展的内在要求，以及应对气候变化的国际共识，必须把经济发展方式转到绿色发展、循环发展、低碳发展的道路上来。同时，要在持续追求物质文明发展的同时，不断提升精神文明水平，进一步增强全党全国各族人民文化自信，提升全社会凝聚力和向心力，为全面建设社会主义现代化国家提供坚强思想保证和强大精神力量。我国发展需要和平稳定的国际环境，越是面对外部环境深刻复杂变化带来的严峻风险挑战，我们越要坚定不移地走和平发展道路，积极争取和平的国际环境发展自己，同时又以自身的发展促进世界和平。

第三，我国发展面临的新的战略阶段。习近平总书记指出，进入新发展阶段，是中华民族伟大复兴历史进程的大跨越，是全面建设社会主义现代化国家、向第二个百年奋斗目标进军的阶段，是我们党带领人民迎来从站起来、富起来到强起来历史性跨越的阶段，是我国社会主义发展进程中的一个重要阶段。新发展阶段是社会主义初级阶段中的一个阶段，同时是其中经过几十年积累、站到了新的起点上的一个阶段。社会主义初级阶段不是一个静态、一成不变、停滞不前的阶段，也不是一个自发、被动、不用费多大气力自然而然就可以跨过的阶段，而是一个动态、积极有为、始终洋溢着蓬勃生机活力的过程，是一个阶梯式递进、不断发展进步、日益接近质的飞跃的量的积累和发展变化的过程。

同时，要清醒看到，我国仍然是世界上最大的发展中国家，发展仍然是解决我国一切问题的基础和关键。我国已经进入新发展阶段，实现中华民族伟大复兴进入了不可逆转的历史进程，但战略机遇和风险挑战并存，不确定难预料因素增多。在新的战略阶段，在全面建设社会主义现代化国家新征程中，必须坚定不移贯彻新发展理念，构建新发展格局，推动高质量发展。党的二十大分别提出了未来5年、到2035年以及到21世纪中叶我国发展的战略目标和战略任务，为全党指明了奋斗方向。二十大之后的5年是全面建设社会主义现代化国家开局起步的关键时期。滚石上山，不进则退。我们必须着力解决发展不平衡不充分的问题，着力消除高质量发展的卡点瓶颈，着力冲破制度藩篱，进一步完善体制机制；着力缩小城乡区域发展和收入分配差距，解决群众急难愁盼问题，着力化解那些可以预见和难以预见的风险，为分阶段推进、全面建设社会主义现代化国家打下更加坚实的基础。

第四，我国发展面临的新的战略环境。当前，世界之变、时代之变、历史之变正以前所未有的方式展开。一方面，和平、发展、合作、共赢的历史潮流不可阻挡，人心所向、大势所趋，决定了人类前途命运终归光明；另一方面，恃强凌弱、巧取豪夺、零和博弈等霸权霸道霸凌行径危害深重，和平赤字、发展赤字、安全赤字、治理赤字加重，人类社会面临前所未有的挑战。

一方面，经济实力对比“东升西降”趋势更加明显。进入 21 世纪以来，新兴市场国家和发展中国家快速崛起，发展态势明显强于发达经济体，世界经济格局正在发生近代以来最具革命性的变化。根据国际货币基金组织统计，2001 年至 2021 年，新兴市场和发展中经济体占世界经济总量的比重从 21.15% 上升到 40.92%，发达经济体占世界经济总量的比重则由 78.85% 下降至59.08%。新兴市场和发展中经济体仍保持相对发达经济体更快的增长速度，对世界经济增长的贡献率已经达到 80%，成为全球经济增长的主要动力。经济实力此长彼消，对世界经济、科技、文化、安全、政治格局等都产生深刻影响，推动全球治理体系发生深刻变革，新兴市场国家和发展中国家的国际地位和话语权不断提高。

另一方面，全球性问题凸显，逆全球化思潮抬头，单边主义、保护主义明显上升。近年来，随着我国与美国经济实力日益接近，美国朝野对我国的疑惧明显增加，斗争、竞争、遏制的一面在增强，合作的一面在减弱。以美国为首的一些西方国家不断拼凑新的团团伙伙，极力实施打压中国的战略和政策，不仅在经贸、科技、人文交流等方面设置障碍，而且还以意识形态划线，在涉港、涉台、涉疆、涉藏、涉海、涉人权等各个方面不断制造麻烦，使我国面临着比以往更为严峻的国际环境。此外，在应对气候变化，防控传染性疾病、保障粮食安全和能源安全等方面问题和挑战不断出现，给全球治理提出新的课题。特别是乌克兰危机爆发与美西方对俄实施全面制裁进一步恶化了外部环境。我国是最大的能源进口国，全球能源的供应短缺和价格波动对我国能源安全形成挑战。气候变化、新冠疫情和地缘政治冲突也给世界贸易和投资、全球金融市场稳定、全球粮食安全等造成严重影响。这些情况对我国应对全球性问题和参与全球治理，既提供了机遇也提出了新的挑战。

实现中华民族伟大复兴是近代以来中国人民的共同梦想，无数仁人志士为此苦苦求索、进行各种尝试，但都以失败告终。探索中国现代化道路的重任，历史地落在了中国共产党身上。加快构建新发展格局，是立足实现第二个百年奋斗目标、统筹发展和安全作出的战略决策，是把握未来发展主动权的战略部署。只有加快构建新发展格局，才能夯实我国经济发展的根基、增强发展的安全性稳定性，才能在各种可以预见和难以预见的狂风暴雨、惊涛骇浪中增强我国的生存力、竞争力、发展力、持续力，确保中华民族伟大复兴进程不被迟滞甚至中断，胜利实现全面建成社会主义现代化强国目标。

3 为什么说中国式现代化是人类发展史上的伟大创造？

现代化是全人类的共同事业。现代化犹如一场国家发展之间的马拉松比赛，跑在最前面的早已步入发达国家行列，其后的属于发展中国家，落在后面的则是最不发达国家。发展中国家与发达国家的位置转换具有一定的规律性。回顾世界历史，发达国家用了近300年，让10亿左右人口进入现代化。西方率先完成现代化的任务，形成了现代西方发展模式。西式现代化方案，在政治体制上表现为三权分立制、总统制或议会制，在政党制度上表现为两党制或多党制，在经济制度上表现为以私有制和雇佣劳动为基础的基本经济制度。

现代化不是单选题，它是全人类的共同事业，其发展方向不可逆转，但通往现代化的道路可以选择。任何国家都不应被排除在现代化体系之外，各个国家的人民都有权利共享现代化的发展成果。现代化不仅是发达国家的过去，也是发展中国家和最不发达国家的现在与未来。中国式现代化发展道路充分证明：发展中国家完全可以通过走自己的路实现跨越发展、迈进世界现代化第一方阵。

党的二十大报告庄严宣示："从现在起，中国共产党的中心任务就是团结带领全国各族人民全面建成社会主义现代化强国、实现第二个百年奋斗目标，以中国式现代化全面推进中华民族伟大复兴。”中国共产党历经百年奋斗，创造了中国式现代化新道路，创造了人类文明新形态。中国式现代化新道路是不同于人类过往的伟大创造，是人类发展史上最为壮丽的事业。

一、中国是世界现代化独一无二的伟大样本

中国共产党带领中国14亿多人口实现现代化将是人类发展史上前所未有的大事。为何要在这里强调“前所未有”？中国，是一个在世界现代化进程中独一无二的伟大样本。

1840年，西方列强用钢铁大炮轰开了中国近代史的屈辱历史，从此以后，中国被动卷入西方主导的世界体系，随后的洋务运动标志着中国主动加入西方主导的现代化进程。在那期间，无数仁人志士怀揣现代化梦想，探索救国救民道路，但无论是中体西用、以器卫道的现代化探索，还是文化改造、全盘西化的现代化迷途，都未能挽救民族于危难，旧中国一步步落后于时代，滑落到了“被开除球籍”的边缘。直到1921年中国共产党的成立，中国现代化事业才真正有了主心骨、领路人。1949年中华人民共和国的成立，1956年社会主义基本制度的建立，让我国踏上了自主建设现代化的新征途。1978年实行改革开放，标志着中国正确开启中国式现代化的新篇章。伴随2021年第一个百年奋斗目标的全面完成，中国式现代化新道路历史性地经受住了超大型国家现代化实践的检验。回望70多年筚路蓝缕、风雨兼程，我们党带领全国人民奔跑在现代化的道路上，用了短短几十年时间走过了发达国家几百年的工业化历程，建立起全世界最完整的现代工业体系。中国也在探索现代化进程中展现出许多独一无二的鲜明特色：其一，中国是一个超大型国

家，超大国土空间、超长历史纵深、超大人口规模、超大经济体量、超大国内市场；其二，中国是一个独立自主的社会主义大国，我们走的是中国特色社会主义道路，高举的思想旗帜是马克思列宁主义，最高政治领导力量是中国共产党，最终奋斗目标是实现共产主义；其三，中国是一个文化血脉传承不息的文明型国家，千年文脉赓续不止，多元民族和谐一体，多元宗教和平共处，语言风俗别具风采，中国传统文化所蕴含的独特世界观、价值观、历史观、文明观、民主观、生态观等，对丰富和发展世界现代化理论作出重大贡献。正是这些中国特色，注定了我们只能走结合中国具体实际、结合中华优秀传统文化、具有本国特点的中国式现代化新道路，也正是因为这些中国特色，让中国成为世界独一无二的伟大样本。

二、中国式现代化是不同于人类过往的伟大创造

中国式现代化道路，不是简单延续我国历史文化的母版，不是简单套用马克思主义经典作家设想的模板，不是苏东社会主义国家现代化实践的再版，也不是西方现代化道路的翻版，不可能找到现成的教科书。中国式现代化，是不同于人类过往的伟大创造。这一点可以从中国式现代化的本质特征中找到佐证：中国式现代化，是人口规模巨大的现代化，14 亿多人口奔向现代化，将彻底改写现代化的世界版图，在人类历史上是一件有深远影响的大事。中国式现代化，是全体人民共同富裕的现代化，14 亿多人口共商现代化大计、共建现代化国家、共享现代化成果，促进社会公平正义，不会重蹈贫富对立、财富两极分化的西方现代化结局。中国式现代化，是物质文明和精神文明相协调的现代化，“五位一体”全面发展、社会全面进步、富强民主文明和谐美丽全面实现，使得家家仓廪实衣食足、人人知礼节明荣辱，不会重蹈物质

崛起、物质主义泛滥的西方现代化陷阱，不会让人民在光怪陆离的物质世界中失去安身立命的精神家园。中国式现代化，是人与自然和谐共生的现代化，美丽中国全面建设，人与自然真正和解，不以牺牲环境为代价去换取一时的经济增长，不会重蹈先污染后治理的西方老路。中国式现代化，是走和平发展道路的现代化，不搞我赢你输的零和博弈，不走殖民主义、扩张主义、霸权主义的发展之路，把世界的机遇转变为中国的机遇，把中国的机遇转变为世界的机遇，在中国与世界各国良性互动、互利共赢中开拓前进。

中国式现代化充满了中国特色、中国风格、中国气派。它坚持中国共产党的全面领导，坚定不移走中国特色社会主义道路；它坚持人民立场，以人民为中心，始终代表最广大人民根本利益，从来不代表任何利益集团、任何权势团体、任何特权阶层的利益；它坚持中国立场，自主发展、自力更生，不走依附西方的发展之路，不拿自己的核心利益做交易；它坚持马克思主义历史观，从历史中走来，向着未来走去，继承历史遗产，赓续千年文脉，不搞历史虚无主义、文化虚无主义；它坚持人类立场，向全世界开放，与世界各国共赢，不搞单边主义、不搞零和游戏、不搞丛林法则，致力于构建人类命运共同体，为建设美好世界贡献中国方案、中国智慧。

中国仅仅用了几十年就从“现代化的迟到国”跃升为“世界现代化的增长极”，由高速增长阶段转向高质量发展阶段，中华民族走上了通往现代化的快速通道。置身现代化洪流和历史巨变中的中国，完全有资格、有能力揭示其中蕴藏的现代化密码，有资格、有能力在吸纳中西方文明精华之后开启更为壮丽的现代化前景，有资格、有能力在规避现代化之殇的基础上开辟更为健康的中国式现代化新道路。中国式现代化新道路的成功开辟，打破了“现代化＝西方化”的迷思，是对西方式现代化理论和实践的伟大超越，表明了发展中国家走向现代化可以有、也应该有不同的路径选择，为人类对更好社会制度的探索提供了中国方案。中国式现代化，是不同于人类过往的伟大创造。

三、中国式现代化被证明是影响世界的伟大奇迹

在中国共产党的领导下，中国人民经过艰苦卓绝的斗争和艰辛探索，不仅实现国家独立、民族解放，还开辟了中国式现代化道路，推动中华民族伟大复兴进入新的历史阶段。中国式现代化创造了并将继续创造人类发展史上的奇迹。这份奇迹，不仅是中国的，也是世界的，将给世界带来多方面的影响。

第一，中国式现代化彻底改写了世界现代化版图。改革开放以来，中国有 7.7 亿农村贫困人口摆脱贫困，按照世界银行国际贫困标准，中国减贫人口占同期全球减贫人口 70% 以上，大大加快了全球减贫进程。特别是党的十八大以来，以习近平同志为核心的党中央实施了一系列扶贫计划。我们坚持精准扶贫，尽锐出战，打赢了人类历史上规模最大的脱贫攻坚战，提前 10 年完成联合国 2030 年可持续发展议程中的减贫目标，为全球减贫事业发展和人类发展进步作出了重大贡献。中国式现代化将实现 14 亿人口整体迈入现代化社会，其规模超过现有发达国家的总和，这彻底改写了现代化世界版图。不仅如此，中国式现代化还为世界现代化版图赋予了共同富裕、物质文明和精神文明相协调、人与自然和谐共生、和平发展的新底色。以人与自然和谐共生为例，自第二次工业革命以来，人类的生活水平和科技水平进入了一个迅猛的发展期，但是地球生态环境却面临一些新挑战，比如说海洋污染、气候变化、臭氧层破坏等等。如果任其恶化，人类生存将面临巨大的考验。美国国家航空航天局(NASA)的一项研究数据表明，通过卫星分析的结果显示，过去 20 年地球的绿化面积增长了 5%，大小相当于一个亚马逊雨林。其中，贡献最多增长面积的是中国！ 1949 年中华人民共和国成立之初，中国森林

覆盖率仅有 8.6%；而如今，中国的森林覆盖率，已经达到了 24.02%。卫星传回的图像资料显示，中国国土绿化面积在持续增加。这说明，中国在推进中国式现代化的过程中，不仅没有加剧工业革命以来世界所面临的环境问题，反而在改善世界环境恶化的状况。

第二，中国式现代化为世界发展提供持续动力和全新机遇。近 10 年来，中国经济平均增长率为 6.6%，居世界主要经济体前列，远高于同期世界平均增速的 2.6% 和发展中经济体平均增速的 3.7%。中国对世界经济增长的平均贡献率达到了 38.6%，超过七国集团国家贡献率的总和。中国经济近期克服了超预期挑战，保持增长动能，这为世界经济发展贡献了稳定性和确定性。与此同时，中国向高质量发展迈进，也给世界带来了更高质量的机遇。中老铁路建成以前，老挝仅有一段长约 3.5 公里的铁路连接泰国。这种极为不便的交通状况，多年来制约着老挝的发展。中老铁路是老挝首条真正意义上的国际铁路，不仅改善了老挝的交通基础设施条件，还有效打通了老挝的经济动脉，带动了老挝的经济发展。新加坡南洋理工大学经济学教授陈光炎，将中国称作“带动亚洲经济前进的火车头”，他说道：“世界银行分析认为，中国 GDP 每增长 1 个百分点，就能带动新加坡、马来西亚、印度尼西亚、菲律宾和泰国的 GDP 分别增长 1.3、0.8、0.6、0.5 和 0.4 个百分点。”不仅在亚洲，中国发展对世界经济的带动效应也是显而易见的。麦肯锡全球研究院的研究报告认为，到 2040 年，通过中国和世界其他经济体的彼此融合，将有望创造 22 万亿至 37 万亿美元的经济价值，相当于全球经济总量的 15% 到 26%。

第三，中国式现代化不断丰富和发展人类文明新形态。历史证明，人类文明之所以繁盛，是因其多样；之所以进步，是源于文明间相互沟通、相互启迪。产生于印度的佛教在传入中国以后，与中国儒家文化和道家文化融合发展，最终形成了具有中国特色的佛教文化，对中国人的哲学观念、文学艺术、礼仪习俗等方方面面都产生了深刻的影响。而传统中国也向世界贡献了中华文明。埃及文物部前部长达马提说道：“阿拉伯有一句谚语‘求知，哪怕远到中国’。古丝绸之路见证了阿拉伯文明与中华文明在相互交融中实现共同繁荣的盛景，陆上和海上丝绸之路成为沟通东西方文明的桥梁，促进了人类文明的进步。”今天，人类文明要想更好地向前发展、进步，也同样需要各种文明彰显特色、贡献智慧。中国式现代化一开始就是以自身独有的文明特质展现于世界的。它融合了马克思主义的科学真理和中华民族的伟大文明，汲取了世界各国优秀文明成果，实现了传统文化与现代文明、本土文明与世界文明的有机结合，走出了一条文明发展的新型共融之路。比如说，中国式现代化坚持走和平发展道路，强调在发展自身的同时造福世界，主张推动构建人类命运共同体，其背后蕴含着的是中华传统文化中天下大同、协和万邦的文明意蕴。再比如，中国式现代化强调人与自然和谐共生，其背后体现着马克思主义“人是自然的一部分”这一观点，也体现着中华传统文化中的“天人合一”的理念。这些都对人类文明作出多方面的贡献。中国式现代化不仅丰富和发展了社会主义现代化理论和世界现代化理论，拓展了人类文明迈向现代化的途径，还丰富和发展了人类文明新形态。中国的快速发展已经成为人类文明进程中的一项重大成就，中国式现代化的成功经验将为更多国家和人民开辟通往美好未来的道路。

中国式现代化是伟大奇迹，它是中国的，也是世界的。中国对世界的影响，从未像今天这样全面、深刻、长远，而世界对中国的关注，也从未像今天这样广泛、深切、聚焦。中国是世界的中国，中国的发展与世界紧密相连，中国梦也与世界梦息息相通。未来之中国，将以更加开放包容的姿态拥抱世界，中国式现代化也必将与世界现代化交相辉映、相得益彰，共同创造更大的人类发展奇迹！

4

为什么说中国式现代化既是最难的，也是最伟大的？

一般来说，现代是相对于传统而言的。而现代化作为动词，是指一个社会从传统走向现代的过程，作为名词是指现代社会区别于传统社会的明显特征和现代气质，表现在经济、政治、文化等方方面面。现代化国家或国家的现代化，就意味着一个国家从传统走向现代的过程，这是一个从封闭走向开放，从未开化、半开化走向开化，从野蛮、愚昧走向文明的过程。

历史上，西方早期的现代化是通过血腥杀戮和野蛮掠夺实现的。在大航海时代，欧洲在自己生产能力过剩的情况下，使用了炮舰政策，先后占领了美洲大陆、大洋洲，通过大肆屠杀当地原住民、占领当地资源完成了资本原始积累，而这种简单粗暴的现代化实现形式是以数千万印第安人的生命为代价的。现代化之所以长期被等同于西方化，是由于西方国家是现代化的先发国家，而西方国家的现代化过程是和其全球扩张相伴随的，世界许多国家都不得不接受现代或前现代、文明或野蛮的二分法，要么西方化，要么就搭不上现代化列车成为广泛信条。

中国式现代化，打破了“现代化＝西方化”的迷思，展现了现代化的另一幅图景，拓展了发展中国家走向现代化的路径选择，为人类对更好社会制度的探索提供了中国方案。中国式现代化与西方式现代化有着本质的不同，可以从五方面来理解：中国式现代化走的是中国共产党领导下的社会主义道路，西方现代化走的是资本主义道路；中国式现代化是主动引领式现代化，党领导中国人民实现现代化过程，是有目标、有规划、有部署的一步一步实现；中国式现代化是“并联式”现代化，工业化、城镇化、农业现代化、信息化等叠加发生，不同于西方发达国家“串联式”现代化过程；中国式现代化是快速赶超式现代化，在中国共产党的带领下，我们用几十年时间走完了发达国家几百年走过的工业化历程；中国式现代化是和平包容式现代化，中国始终走和平发展道路，我们始终做世界和平的建设者、国际秩序的维护者、全球发展的贡献者。

2022 年 10 月 17 日，习近平总书记参加党的二十大广西代表团讨论时指出：“我们的现代化既是最难的，也是最伟大的。”实现中华民族伟大复兴，道路是最根本的问题。在新进中央委员会的委员、候补委员和省部级主要领导干部学习贯彻习近平新时代中国特色社会主义思想和党的二十大精神研讨班开班式上，习近平总书记深刻指出“中国式现代化既有各国现代化的共同特征，更有基于自己国情的鲜明特色”。

第一，中国式现代化之难，难就难在人口规模巨大。我们的现代化有多难？俄国革命家车尔尼雪夫斯基说，任何东西，凡是我们拿来和别的东西比较时显得高出许多的，便是伟大。中国式现代化是人口规模巨大的现代化，不同于几十万人、几百万人、几千万人的现代化，而是 14 亿多人口的现代化。中国国土面积广袤、人口规模巨大、地区差异悬殊，在这样超大规模的国家实现现代化，是一个世界性和世纪性的难题，所面临的挑战之严峻，所遇到的困难之巨大，在人类历史上前所未有。我们这个世界上最大发展中国家实现了现代化，意味着比现在所有发达国家人口总和还要多的中国人民将进入现代化行列，其影响将是世界性的。

第二，中国式现代化之难，难就难在要实现的是全体人民的共同富裕。共同富裕是社会主义区别于资本主义的显著优势，中国式现代化发展的过程也是全体人民走向共同富裕的过程。中国式现代化是实现全体人民共同富裕的现代化，就要求既要做大“蛋糕”，又要分好“蛋糕”。一方面，要求我们在推进中国式现代化的过程中要鼓励勤劳创新致富，坚持基本经济制度，尽力而为量力而行，坚持循序渐进，扎实推进共同富裕。另一方面，要在发展中自觉、主动地解决地区差距、城乡差距和收入差距问题，坚决防止两极分化，促进公平正义，使全体人民共享现代化发展成果。

第三，中国式现代化之难，难就难在要注重物质文明和精神文明相协调。在收入增加、物质丰富的过程中，人的精神需求也不能忽视。这就要求我们在推进中国式现代化的过程中坚持社会主义核心价值观，加强理想信念教育，弘扬爱国主义、集体主义、英雄主义精神，传承弘扬中华优秀传统文化，努力在现代化进程中协调实现物的全面丰富和人的全面发展。

第四，中国式现代化之难，难就难在要在谋求发展过程中注重人与自然和谐共生。从世界其他一些国家的现代化进程来看，几百年的工业化历程都伴随着资源消耗、环境污染等问题。中国提出的现代化道路，是人与自然和谐共生的现代化，这就要求我们在推进中国式现代化的过程中要注重同步推进经济建设和生态文明建设，决不能走先污染后治理的老路，而要走节约资源、保护环境、绿色低碳的新型发展道路。

第五，中国式现代化之难，难就难在既要谋求自身发展，又要坚定维护世界和平与稳定。中国走和平发展道路，实现一个大国的和平崛起，这是前无古人的事业。这条和平发展之路、合作共赢之路，摒弃了以侵略、剥削、压迫为特征的西方现代化弊端，也突破了部分发展中国家受制于西方的困境，创造了人类文明新形态。这就要求我们在推进中国式现代化的过程中要始终把和平共处、互利共赢作为处理国际关系的基本准则，坚持多边主义，反对霸权主义、单边主义，积极推动构建人类命运共同体。

第六，中国式现代化之难，难就难在要时刻保持解决大党独有难题的清醒和坚定。全面建设社会主义现代化国家、全面推进中华民族伟大复兴，关键在党。只有时刻保持解决大党独有难题的清醒和坚定，不断解决党内党外突出矛盾，坚定不移化解各类长期性、多样性、根本性难题，党自身才能坚强而有力量，党的领导才能更加坚强而有力量。这就要求我们党要永葆“赶考”的清醒和坚定，在准确审题、努力答题、人民判题的历史进程中，把握战略机遇、巩固党的长期执政地位、保障人民当家作主、全面建设社会主义现代化国家。

目标有多远大，实现后就有多伟大，就有多激动人心。中国式现代化是中国共产党和中国人民长期实践探索的成果，是一项艰巨而伟大的事业。惟其艰巨，所以伟大；惟其艰巨，更显荣光。当前，世界百年未有之大变局加速演进，我国发展进入战略机遇和风险挑战并存、不确定难预料因素增多的时期。我们比历史上任何时期都更接近、更有信心和能力实现中华民族伟大复兴的目标，同时必须准备付出更为艰巨、更为艰苦的努力。

第一，中国式现代化之伟大，在于其一举打破西方发展模式被奉为圭臬的神话，彰显了中国特色社会主义的根本性质和制度优势。中国式现代化，打破了“现代化 = 西方化”的迷思，展现了现代化的另一幅图景，开辟了一条属于中国但又具有世界意义的现代化道路。中国式现代化蕴含的独特世界观、价值观、历史观、文明观、民主观、生态观等及其伟大实践，是对世界现代化理论和实践的重大创新。坚持党的领导、坚持走中国特色社会主义发展道路和坚持以人民为中心的发展思想，明确了中国式现代化的根本性质和政治保障，凸显了其价值追求和制度优势。不走封闭僵化的老路，也不走改旗易帜的邪路，体现了中国式现代化对传统社会主义和资本主义的双重超越，其过程的艰辛不言而喻，在社会主义发展史上的意义尤为重大。

第二，中国式现代化之伟大，在于其肩负着创造人类文明新形态的历史使命。创造人类文明新形态是中国式现代化的本质要求、重要内容，体现了中国式现代化既是一种路径选择，也是一种理论创新和价值追求，还是一种文明重塑的自觉自信。从人类文明的视野来看，中国式现代化是一场文明延续、迭代与创新的巨变，展示了中国共产党作为中华文明的忠实传承者、人类文明新形态的探索者所肩负的历史使命。当今时代，百年变局加速演进，世界格局变化、治理秩序变革、全球问题凸显都在呼唤人类的文化重构、文明重塑，超越西方中心主义、彰显全人类共同价值的文明重构成为艰巨而紧迫的时代课题。

第三，中国式现代化之伟大，在于其为马克思主义基本原理同中国具体实际相结合、同中华优秀传统文化相结合的重大成果。中国式现代化继承了科学社会主义的思想精髓，根植于中华优秀传统文化的深厚沃土，蕴含着天下为公、民为邦本、为政以德、革故鼎新、任人唯贤、天人合一、自强不息、厚德载物、讲信修睦、亲仁善邻等优秀文化基因。可以说，“中国式”既标注着现代化的中国经验、中国成果，更蕴含着中国价值、中国精神和中国力量，彰显了中华文明胸怀天下的宽广视野和“协和万邦”的价值主张，从根本上突破了西方中心论的窠臼，改写了世界现代化的发展图式。中国式现代化体现了社会主义制度的自我完善与发展，展示了社会主义在当今时代的蓬勃生机和强大生命力，书写了社会主义发展史上的中国奇迹。中国式现代化不是简单延续我国历史文化的母版，不是简单套用马克思主义经典作家设想的模板，不是其他国家社会主义实践的再版，也不是国外现代化发展的翻版，而是中国共产党团结带领中国人民锐意进取、自信自强开辟出来的社会主义康庄大道。

习近平总书记不止一次指出："中国人说话、中国共产党说话、中国共产党的领导说话是算数的。"这一点已经在圆梦小康中得到印证，这一点也必将在圆梦强国时得到印证。

大道之行，壮阔无垠；大道如砥，行者无疆。新征程是充满光荣和梦想的远征，站在新的历史起点上，在以习近平同志为核心的党中央的坚强领导下，以中国式现代化全面推进中华民族伟大复兴，我们肩负最艰难的任务、胸怀最伟大的事业，具有无比广阔的舞台，具有无比深厚的历史底蕴，具有无比强大的前行定力。只要我们把思想和行动统一到习近平总书记重要讲话精神上来，统一到以习近平同志为核心的党中央决策部署上来，全面贯彻落实党的二十大精神，扎实推进中国式现代化建设，坚定不移走好自己的路，心无旁骛做好自己的事，全面建成社会主义现代化强国的目标一定能够实现，中华民族伟大复兴的中国梦一定能够实现！

5 为什么推进中国式现代化要坚持中国特色社会主义？

没有旗帜，就没有方向。

没有道路，就没有未来。

中国特色社会主义，就是我们坚持的旗帜和道路。

走自己的路，是对党领导人民百年奋斗历史经验的深刻总结。回顾历史，自近代以来，中国逐步成为半殖民地半封建社会，国家蒙辱、人民蒙难、文明蒙尘，中华民族遭受了前所未有的劫难。为拯救民族危亡，中国人民奋起反抗，仁人志士奔走呐喊。抗争、失败、寻路，在那个时代反复上演。十月革命一声炮响，给中国送来了马克思列宁主义。“中国共产党的成立是开天辟地的大事件”，深刻改变了近代以后中华民族发展的方向和进程，深刻改变了中国人民和中华民族的前途和命运，深刻改变了世界发展的趋势和格局。

在经济文化相对落后国家开辟社会主义道路，是一种极为艰难的开创性探索。列宁曾形象地将之比喻为“千辛万苦攀登一座未经勘察、人迹未到的高山”，需要英勇无畏的探索精神。在新民主主义革命时期，在深刻总结经验教训的基础上，以毛泽东同志为主要代表的中国共产党人把马克思列宁主义基本原理同中国革命具体实践结合起来，探索出农村包围城市、武装夺取政权的革命道路。走自己的路，保证了新民主主义革命的胜利。新中国成立后，在社会主义革命和建设中，我们党团结带领中国人民继续发扬独立自主的探索和实践精神，迅速改变旧中国一穷二白的落后面貌。党的十一届三中全会后，我们党基于历史经验和现实需要，明确提出“走自己的路，建设有中国特色的社会主义”的新命题。改革开放以来，我们党总结历史经验，不断艰辛探索，终于找到了实现中华民族伟大复兴的正确道路。实践证明，在中国这样一个人口众多、生产力发展水平相对落后的东方大国干革命、搞建设、抓改革，必须坚持把马克思主义基本原理同中国具体实际相结合、同中华优秀传统文化相结合，坚定不移走自己的路。

中国特色社会主义进入新时代，面对社会主要矛盾变化带来的新特征新要求，面对错综复杂的国际环境带来的新矛盾新挑战，必须坚持和发展中国特色社会主义，推动物质文明、政治文明、精神文明、社会文明、生态文明协调发展，不断拓展中国式现代化新道路。新的征程上，必须坚持党的基本理论、基本路线、基本方略，统筹推进“五位一体”总体布局、协调推进“四个全面”战略布局，全面深化改革开放，立足新发展阶段，完整、准确、全面贯彻新发展理念，建设现代化经济体系，健全人民当家作主制度体系，发展社会主义民主政治，推动社会主义文化繁荣兴盛，提高保障和改善民生水平，加快生态文明体制改革，协同推进人民富裕、国家强盛、中国美丽。走中国式现代化新道路，并不是关起门来搞建设，而是要以更加博大的胸怀，更加广泛地开展同各国的文化交流，更加积极主动地学习借鉴世界一切优秀文明成果。我们欢迎一切有益的建议和善意的批评，但绝不接受“教师爷”般颐指气使的说教。

事实充分证明：中国特色社会主义是一条完全正确的发展道路，是党和人民历经千辛万苦、付出巨大代价取得的根本成就，是实现中华民族伟大复兴的康庄大道。中国特色社会主义道路符合中国实际、反映中国人民意愿、适应时代发展要求，不仅走得对、走得通，而且走得稳、走得好。

我们坚持中国特色社会主义道路不动摇，这是因为：只有社会主义才能救中国，只有社会主义才能发展中国。习近平总书记曾深情地说道："为什么我要强调这一点？这是因为，党和国家的长期实践充分证明，只有社会主义才能救中国，只有中国特色社会主义才能发展中国。只有高举中国特色社会主义伟大旗帜，我们才能团结带领全党全国各族人民，在中国共产党成立100年时全面建成小康社会，在新中国成立100年时建成富强民主文明和谐的社会主义现代化国家，赢得中国人民和中华民族更加幸福美好的未来。"探索民族复兴道路，自近代以来中华民族面临西方列强入侵之时就已开始，表现为仁人志士为了拯救羸弱的中国，从器物、制度、思想等多方面进行了艰辛探索。囿于阶级属性、历史局限性等，这些探索最终都以失败告终。民族复兴道路的真正开辟，肇始于中国共产党的成立并为民族独立、人民解放而斗争。中国共产党从诞生以来，便致力于为国家谋富强，为人民谋幸福，为民族谋复兴，复兴梦、现代化梦贯穿整个百年党史，成为中国共产党百年奋斗的最大主题。新民主主义革命时期，中国共产党团结带领中国人民，浴血奋战，百折不挠，推翻帝国主义、封建主义、官僚资本主义三座大山，实现了民族独立、人民解放，为实现中国式现代化、推进中华民族伟大复兴创造根本社会条件。社会主义革命和建设时期，党领导人民消灭在中国延续几千年的封建剥削压迫制度，确立社会主义基本制度，推进社会主义建设，战胜帝国主义、霸权主义的颠覆破坏和武装挑衅，实现了中华民族有史以来最为广泛而深刻的社会变革，为实现中国式现代化、推进中华民族伟大复兴奠定根本政治前提和制度基础。改革开放和社会主义现代化建设新时期，党团结带领全党全国各族人民，作出把党和国家工作重心转移到经济建设上来、实行改革开放的历史性决策，战胜来自各方面的风险挑战，开创、坚持、捍卫、发展中国特色社会主义，为实现中国式现代化、推进实现中华民族伟大复兴提供充满新的活力的体制保证和快速发展的物质条件。

党的十八大以来，中国特色社会主义进入新时代，中国共产党团结带领中国人民，自信自强、守正创新，统揽伟大斗争、伟大工程、伟大事业、伟大梦想，战胜一系列重大风险挑战，实现第一个百年奋斗目标，明确实现第二个百年奋斗目标的战略安排，党和国家事业取得历史性成就、发生历史性变革，为实现中国式现代化、推进实现中华民族伟大复兴提供了更为完善的制度保证、更为坚实的物质基础、更为主动的精神力量，中华民族伟大复兴展现出前所未有的光明前景。正是在百年不懈奋斗和探索中，我们找到了实现中华民族伟大复兴的正确道路，这条道路就是中国特色社会主义和中国式现代化道路。

我们坚持中国特色社会主义道路不动摇，这是因为：中国式现代化是中国特色社会主义在发展道路上的具体化。一个国家走的道路行不行，关键要看是否符合本国国情，是否顺应时代发展潮流，能否带来经济发展、社会进步、民生改善、社会稳定，能否得到人民支持和拥护，能否为人类进步事业作出贡献。“以中国式现代化推进中华民族伟大复兴”是我们事业取得成功的重要经验。从本质上讲，中国式现代化就是社会主义现代化，是中国特色社会主义在发展道路上的具体化，是中华民族伟大复兴的现实路径。中国特色社会主义道路，是在马克思主义指导下走出来的，也是从五千多年中华文明史中走出来的，具有深厚的历史渊源和广泛的现实基础。历史事实表明，封闭僵化的老路是一条死路，改旗易帜的邪路是一条绝路，只有社会主义才能救中国，只有社会主义才能发展中国。中国特色社会主义和中国式现代化，既为实现民族复兴中国梦指明了方向，又是实现民族复兴中国梦的根本保障。中国特色社会主义和中国式现代化伟大实践，使我们国家快速发展起来，使我国人民生活水平快速提高起来，使中华民族大踏步赶上时代前进潮流、迎来伟大复兴的光明前景。

党的十八大以来，以习近平同志为核心的党中央团结带领全党全军全国各族人民撸起袖子加油干、风雨无阻向前行，稳经济、促发展，战贫困、建小康，控疫情、抗大灾，应变局、化危机，攻克了一个个看似不可攻克的难关险阻，创造了一个个令人刮目相看的人间奇迹。事实证明，要全面建成社会主义现代化强国，实现中华民族伟大复兴，必须一以贯之坚定不移坚持和发展中国特色社会主义。

我们坚持中国特色社会主义道路不动摇，最重要的就是要坚持党的领导。中国共产党领导是中国特色社会主义最本质的特征，同时也是中国式现代化最本质的特征。只有始终坚持党的领导，才能确保中国式现代化沿着社会主义的正确方向前进，中国式现代化才能前景光明、繁荣兴盛。

中国式现代化是一个既不同于西方发达国家，又不同于其他发展中国家的，具有特定发展过程、发展阶段和社会属性的现代化，其任务更艰巨、历程更复杂、性质更特殊。中国式现代化是社会主义现代化。社会主义性质是我国现代化不同于西方现代化最显著、最根本的社会属性。我国社会主义现代化不能走西方发达国家对内压迫剥削、对外侵略掠夺和制造不平等的国际政治经济秩序的现代化道路，而是更加强调以人民为中心的发展思想和人类命运共同体的国际关系理念，走出一条中国特色的社会主义现代化道路。

思想之旗领航向，人间正道开新篇。全面建成社会主义现代化强国，必须高举中国特色社会主义这面旗帜，毫不动摇“坚持以经济建设为中心，坚持四项基本原则，坚持改革开放，坚持独立自主、自力更生，坚持道不变、志不改，既不走封闭僵化的老路，也不走改旗易帜的邪路，坚持把国家和民族发展放在自己力量的基点上，坚持把中国发展进步的命运牢牢掌握在自己手中”。让我们更加紧密地团结在以习近平同志为核心的党中央周围，高举中国特色社会主义伟大旗帜，全面贯彻习近平新时代中国特色社会主义思想，弘扬伟大建党精神，牢记空谈误国、实干兴邦，坚定信心、同心同德，埋头苦干、奋勇前进，为全面建设社会主义现代化国家、全面推进中华民族伟大复兴而团结奋斗！

6

为什么说中国式现代化是“以人民为中心”的现代化？

“现代化”最早是一个什么概念？“现代化”原本是指工业革命以来人类社会经济、政治、文化、思想等领域所发生的深刻变化，这种变化主要包括从传统经济向现代经济、传统社会向现代社会、传统政治向现代政治、传统文明向现代文明等各个方面的转变等等。从狭义上讲，现代化道路最开始指的就是资本主义现代化道路，是一条由资产阶级领导的现代化道路。而这一切的开始，都要从西方资产阶级通过民主革命掌握政权，成了统治阶级说起。早在17、18世纪，欧洲和北美封建主义基础受到冲击，继尼德兰革命之后，英国爆发了资产阶级革命，为资本主义制度的确立开辟了道路；法国爆发了轰轰烈烈的大革命，摧毁了封建专制统治，为资产阶级掌权开辟了道路；英属北美殖民地建立了新兴的美国。资产阶级通过政党制度、代议制度、三权分立等制度牢牢掌握着政权，并主导着国家的现代化进程。整个国家机器成为资产阶级维护统治、获取利益的工具。此后，资产阶级始终站在自己的立场，美化私有财产的神圣性、契约的神圣性，通过剥削工人阶级、压榨世界上其他国家和民族，实现自己利益的最大化。西方资本主义现代化道路实质上就是一条由资产阶级领导的、服务于少数资本家利益的、充满着血腥与罪恶的发展道路。

现代化是近代以来中国人民的伟大梦想。中华民族伟大复兴，不是复兴古代中国，不是复兴封建盛世，归根结底是赶上时代、赶上世界，完成现代化的使命，建成富强民主文明和谐美丽的社会主义现代化强国。这是中国几代人为之奋斗的夙愿。中国式现代化，就是这样一条指引中国人民通往伟大梦想的康庄大道。与西方资本主义现代化道路所强调的“以资本为中心”不同，这条道路打破了“现代化＝西方化”的迷思，强调我们的现代化是“以人民为中心”的现代化，向世界展现出人类现代化文明的崭新图景。

“以人民为中心”出自党的十九大报告，是习近平新时代中国特色社会主义思想的重要内容。2015 年 10 月 29 日，在党的十八届五中全会上，习近平总书记明确提出了坚持以人民为中心的发展思想。习近平总书记强调人民对美好生活的向往就是我们的奋斗目标，强调要坚定不移走共同富裕的道路。为什么我们强调的是“以人民为中心”的现代化？这是因为：中国共产党根基在人民、血脉在人民、力量在人民。对此，习近平总书记鲜明指出：“只有坚持以人民为中心的发展思想，坚持发展为了人民、发展依靠人民、发展成果由人民共享，才会有正确的发展观、现代化观。”可以说，以人民为中心的中国式现代化道路，既是一条实现民族伟大复兴的道路，也是一条为了人民、依靠人民、发展成果由全体人民共享的使全体人民通往幸福的光明大道。

第一，中国式现代化是一条“为了人民”的现代化道路。发展是人类社会的永恒主题，但不能为发展而发展，发展本身不是也不能成为目的。推进现代化，同样需要明确“为了谁发展”的问题。以人民为中心，一切为了人民，一切从人民利益出发，“为了人民”是我们党执政理念的核心内容。把人民对美好生活的向往作为发展目标，是由我们党的根本宗旨决定的。马克思、恩格斯在《共产党宣言》中指出："过去的一切运动都是少数人的或者为少数人谋利益的运动。无产阶级的运动是大多数人的，为绝大多数人谋利益的独立的运动。"《中国共产党章程》宣示："中国共产党党员必须全心全意为人民服务，不惜牺牲个人的一切，为实现共产主义奋斗终身。"作为两个"先锋队"的党，除了忠实地代表工人阶级和人民群众的根本利益以外，没有其他任何特殊利益。全心全意为人民服务是无产阶级政党区别于其他阶级政党的重要标志，也是共产党员党性修养的根本内容。进入新时代，习近平总书记多次强调，全党同志要把人民放在心中最高位置，坚持全心全意为人民服务的根本宗旨，实现好、维护好、发展好最广大人民根本利益，把人民拥护不拥护、赞成不赞成、高兴不高兴、答应不答应作为衡量一切工作得失的根本标准，使我们党始终拥有不竭的力量源泉。无论过去、现在还是将来，无论战胜敌人、战胜困难还是战胜自身，全心全意为人民服务都是中国共产党永恒不变的宗旨，都是党一切工作的根本目的。中国式现代化是中国共产党领导的独立自主的现代化，全心全意为人民服务是中国式现代化的根本要求。

中国式现代化是一条"为了人民"的现代化道路，还集中体现在我们党始终坚持把实现人民对美好生活的向往作为现代化建设的出发点和落脚点。比如，与西方以资本为中心的现代化一边是财富的积累，一边是信仰缺失不同，中国式现代化不断夯实人民幸福生活的物质条件，同时大力发展社会主义先进文化，弘扬革命文化，传承发展中华优秀传统文化，人民群众的思想觉悟、道德水准、文明素养和社会文明程度不断提高。再如，与西方现代化强调人与自然的关系、人与物的关系、人与人的关系等都要服从资本的需要不同，中国式现代化是人与自然和谐共生的现代化。中国式现代化坚持可持续发展，坚持节约优先、保护优先、自然恢复为主的方针，像保护眼睛一样保护自然和生态环境，坚定不移走生产发展、生活富裕、生态良好的文明发展道路，推动实现中华民族永续发展。又如，与西方国家通过殖民扩张实现资本原始积累，通过对外战争转嫁资本主义现代化发展的种种危机不同，中国式现代化是走和平发展道路的现代化。坚持和平发展，在坚定维护世界和平与发展中谋求自身发展，又以自身发展更好维护世界和平与发展，推动构建人类命运共同体，是中国式现代化的突出特征。

第二，中国式现代化是一条“依靠人民”的现代化道路。人民既是历史的创造者，也是历史的见证者，既是历史的“剧中人”，也是历史的“剧作者”。正如习近平总书记所强调，人民是历史的创造者，人民是真正的英雄。在中国的现代化进程中，无论是在革命、建设、改革时期还是在新时代，我们党都需要“依靠人民”，人民群众都是推动历史发展的决定性力量。可以说，党的百年历史就是一部“依靠人民”的不懈奋斗史。新民主主义革命时期，中国共产党团结带领中国人民，推翻了帝国主义、封建主义、官僚资本主义“三座大山”，建立了人民当家作主的新中国，为中国的现代化创造了根本社会条件。社会主义革命和建设时期，中国共产党团结带领中国人民，确立社会主义基本制度，推进社会主义建设，实现一穷二白、人口众多的东方大国大步迈进社会主义社会的伟大飞跃。改革开放以来，中国共产党团结带领中国人民，开创、坚持、捍卫、发展中国特色社会主义，实现了从高度集中的计划经济体制到充满活力的社会主义市场经济体制、从封闭半封闭到全方位开放的历史性转变。党的十八大以来，中国共产党团结带领中国人民统筹推进“五位一体”总体布局、协调推进“四个全面”战略布局，党和国家事业取得历史性成就、发生历史性变革，中国人民和中华民族迎来了从站起来、富起来到强起来的伟大飞跃，世界历史正在发生全局性和根本性的转变，呈现“东升西降”的总体特征。

“依靠人民”在新时代的今天有着更为深刻的时代内涵。人口体量规模巨大，是我们推进中国式现代化最大的国情。我们看到，在新时代的今天，中国依然是世界上人口规模最大的发展中国家，这意味着在中国开辟现代化道路的潜能和动力也是巨大的。放眼历史长河，正是在中国共产党领导下，依靠人民、发动人民，激发人民的积极性主动性创造性，让一切现代化的力量充分涌流，中国才得以取得历史性成就、发生历史性变革，中国式现代化才得以向前推进。特别是改革开放后，我国抓住劳动年龄人口占比较高的有利时期，对传统经济体制进行深入改革，破除阻碍劳动力流动的制度障碍，充分利用人口红利的比较优势，推动经济实现跨越式发展，加速了中国现代化进程。当前，中国仍是世界第一人口大国，但人口已不再是负担，正不断成为发展的有利因素。目前，我国劳动年龄人口平均受教育年限超过 10 年，居民人均预期寿命提高到 78.2 岁，科学家、工程师数量全球领先……这些人力资源优势，不仅为中国的科技创新提供了更多的动力和资源，也为推进中国式现代化提供了强有力保障。同时，庞大的消费者群体也推动企业不断地进行技术创新和产品升级。巨大人口规模在现代化过程中对消费结构的转型升级，对加快构建以国内大循环为主体、国内国际双循环相互促进的新发展格局都将发挥重要支撑作用。实践证明，人口规模巨大，是挑战，更是优势。在新的历史条件下，必须紧紧依靠人民，广泛动员和组织人民投身到党领导的中国特色社会主义伟大事业中来。在推进中国式现代化道路的进程中，十四亿多人口所迸发出的澎湃动能不可估量，成为中国式现代化稳步向前的重要推力。

第三，中国式现代化是一条“发展成果由人民共享”的现代化道路。“江山就是人民，人民就是江山。”中国共产党和中国人民是一体的；中国共产党的利益和中国人民的利益是一致的；党性和人民性是统一的。在中国共产党的领导下，人民群众既是革命、建设和改革的主体，同时也是共享革命、建设和改革成果的主体。中国式现代化始终坚持以人民为中心的价值导向，强调现代化的成果由人民共享。中国共产党成立以来就把为人民谋幸福、为民族谋复兴作为初心和使命，确立了全心全意为人民服务的宗旨，从来没有自己的私利，不管是革命战争年代还是和平建设时期，中国共产党始终把人民放在首位，把维护最广大人民群众的根本利益、满足人民群众的美好生活需要作为价值指向。改革开放以来，我国之所以能够创造经济快速发展和社会保持长期稳定的两大奇迹，根本原因就在于中国式现代化道路始终坚持以人民为中心，让经济发展成果惠及全体人民。

西方现代化的最大弊端，就是以资本为中心而不是以人民为中心，追求资本利益最大化而不是服务绝大多数人的利益，导致贫富差距大、两极分化严重。一些发展中国家在现代化过程中曾接近发达国家的门槛，却掉进了“中等收入陷阱”，长期陷于停滞状态，甚至严重倒退，一个重要原因就是没有解决好两极分化、阶层固化等问题。共同富裕是中国特色社会主义的本质要求，中国式现代化是全体人民共同富裕的现代化。习近平总书记深刻指出：“我们推动经济社会发展，归根结底是要实现全体人民共同富裕。”党的十八大以来，中国式现代化历史性地解决了绝对贫困问题，创造了人类减贫史上的奇迹：全国 832 个贫困县全部摘帽，12.8 万个贫困村全部出列，近一亿农村贫困人口实现脱贫。这是中华民族发展史上的丰碑，这是人类发展进程中的传奇。我们提前 10 年实现联合国 2030 年可持续发展议程减贫目标，为人类福祉改善作出了卓越贡献。中国特色社会主义的实践证明，让广大人民群众共享改革发展成果，既是社会主义的本质要求，也是社会主义制度优越性的集中体现。

在中国式现代化的伟大征程上，我们的中国式现代化是为了让全体中国人民都受益，而不是让少数人获利。中国共产党把“一个也不能少”的誓言，书写在亿万人民的生活巨变里；把“大家一起走”的足迹，镌刻在中国式现代化的奋斗征程上。翻阅世界各国发展史册，不缺繁华的历史，不乏骄人的盛世，但鲜有哪个时代、哪个国家，能像今天的中国这样，致力于“一个不少”“一个不落”的全民福祉，能在如此广阔的国土上、带领如此规模的人口迈向现代化。中国式现代化是全体人民共同富裕的现代化，遵循发展为了人民、发展依靠人民、发展成果由人民共享的人本逻辑，强调消灭剥削、消除两极分化，最终实现全体人民共同富裕。中国式现代化打破了西方现代化模式下财富向少数人集中的 “宿命” ，为解决财富鸿沟、中等收入陷阱等问题提供了智慧方案。

7

如何理解要坚持创新在我国现代化建设全局中的核心地位？

创新是一个国家、一个民族发展进步的不竭动力，是推动人类社会进步的重要力量。在关于现代化的研究成果中，现代化一直是用来描述发达国家现代增长的历史进程的。其所达到的现代化水平和走过的道路也成为发展中国家现代化的样板。就像马克思在《资本论》中所说："工业较发达的国家向工业较不发达的国家所显示的，只是后者未来的景象。"这样，所谓的现代化就是指经济相对落后的发展中国家追赶先行现代化国家的过程，于是就有以中等发达国家和高度发达国家作为基本实现现代化和全面实现现代化的追赶目标之说。但是，进入新时代后谈现代化，这种观点未必是正确的。

纵观世界现代化史，所有的发达国家的现代化都是创新驱动的。这些国家都是抓住科技和产业革命的创新机会而一跃跨入现代化国家的行列的。英国抓住机械化为代表的第一次产业革命而实现了现代化；欧美几个发达国家抓住以电气化为代表的第二次产业革命而实现了现代化。

我国过去落后的主要原因是同几次推动现代化浪潮的科技和产业革命擦肩而过。现在以信息化为代表的新科技和产业革命方兴未艾，产生了互联网、大数据、人工智能、数字经济等新科技和新产业。现在我国所面临的现代化关口就在于不能与正在兴起的新科技和产业革命失之交臂。驱动现代化的科技创新，有跟跑、并跑和领跑三个层次。所谓跟跑，即模仿、引进采用发达国家的技术。这是追赶先行现代化国家的快捷路径，也是所谓的后发国家现代化的后发优势。虽然跟跑能缩短与发达国家的距离，但在发达国家后面跟跑将永远落在后面，不可能实现现代化，而只有赶上并达到发达国家的水平才称得上实现现代化。这意味着新时代的科技创新必须进入并跑和领跑的层次。所谓并跑，就是与国际接轨，如发达国家研发新能源我们也研发新能源，发达国家研发人工智能我们也研发人工智能。正如诺贝尔经济学奖得主库兹涅茨所指出的，科技和产业的“时代划分是以许多国家所共有的创造发明为依据的。这是现代经济增长的一条特殊真理”。并跑不只是可以相互学习，而且可以防止发达国家在领先的技术上对我技术封锁。所谓领跑，就是与未来接轨，直接瞄准国际最新技术取得突破性进展。这恰恰是西方发达国家不愿意看到的。不用说领跑，连并跑的技术创新都会遇到发达国家的封锁和打压。这就是习近平总书记所说：现代以来，西方国家之所以能称雄世界，一个重要原因就是掌握了高端科技。真正的核心技术是买不来的。正所谓“国之利器，不可以示人”。

只有拥有强大的科技创新能力，才能提高我国国际竞争力。在党的二十大报告中，习近平总书记多次强调创新是引领发展的第一动力，要始终“坚持创新在我国现代化建设全局中的核心地位”，既体现了我们党对创新一以贯之的高度重视，又与时俱进地赋予创新全新的时代内涵。

当前挑战逼人。从外部环境来看，当今世界正经历百年未有之大变局，我国发展面临的国内外环境正发生深刻复杂变化。看外部，世界新一轮科技革命和产业变革蓬勃兴起，将重塑全球政治经济格局。科技创新成为国际战略博弈的主要战场，围绕科技制高点的竞争空前激烈。我们要充分认识科技创新的巨大作用，敏锐把握世界科技创新发展趋势，紧紧抓住和用好新一轮科技革命和产业变革的机遇，把创新驱动发展作为面向未来的一项重大战略实施好。当前，国际环境日趋复杂，不稳定性、不确定性明显增加，新冠疫情影响广泛深远，世界经济陷入低迷期，经济全球化遭遇逆流，单边主义、保护主义、霸权主义比较严重。以前，在经济全球化深入发展的外部环境下，市场和资源“两头在外”对我国快速发展发挥了重要作用。近年来，随着外部环境和我国发展所具有的要素禀赋的变化，市场和资源两头在外的国际大循环动能明显减弱，在当前全球市场萎缩的外部环境下，我们必须充分发挥国内超大规模市场优势，通过繁荣国内经济、畅通国内大循环为我国经济发展增添动力，带动世界经济复苏。这就需要我们着力提升产业链供应链现代化水平，大力推动科技创新，加快关键核心技术攻关，打造未来发展新优势。

当前形势逼人。看内部，经过改革开放 40 多年努力，我国已成为世界第二大经济体。但经济发展不少领域大而不强、大而不优。新形势下，长期以来主要依靠资源、资本、劳动力等要素投入支撑经济增长和规模扩张的方式已不可持续，我国发展正面临着动力转换、方式转变、结构调整的繁重任务，需要通过科技创新提升经济生产力，驱动新产业和新业态的兴起，为经济增长注入新动力；社会发展面临人口老龄化、城乡发展不平衡等多方面挑战，需要依靠更多更好的科技创新成果实现经济社会协调发展；生态环境保护和生态文明建设任重道远，需要依靠更多更好的科技创新成果建设天蓝、地绿、水清的美丽中国；能源安全、粮食安全、网络安全、生态安全、生物安全、国防安全等风险压力不断增加，需要依靠更多更好的科技创新成果保障国家安全……

当前使命逼人。现在，我国经济社会发展和民生改善比过去任何时候都更加需要科学技术解决方案，都更加需要增强创新这个第一动力。习近平总书记深刻指出："当前，我国经济发展环境出现了变化，特别是生产要素相对优势出现了变化。劳动力成本在逐步上升，资源环境承载能力达到了瓶颈，旧的生产函数组合方式已经难以持续，科学技术的重要性全面上升。在这种情况下，我们必须更强调自主创新。"面向未来，抓住科技创新就抓住了牵动我国发展全局的牛鼻子。在我国现代化建设全局中，加快科技创新具有重大战略意义。

加快科技创新，是推动高质量发展的需要。高质量发展是创新驱动的发展，创新是高质量发展的第一动力。让创新在全社会蔚然成风，才能释放出强大创造能量，推动机制体制改革、产业扩量升级，以创新促改革、促转型、促发展，带动社会生产力水平显著跃升。

加快科技创新，是实现人民高品质生活的需要。我国社会主要矛盾已经转化为人民日益增长的美好生活需要和不平衡不充分的发展之间的矛盾，不断满足人民对美好生活的向往，必须推出更多涉及民生的科技创新成果。

加快科技创新，是构建新发展格局的需要。构建新发展格局的根本要求是提升供给体系的创新力和关联性，解决各类"卡脖子"和瓶颈问题，畅通国民经济循环。这就需要不断提升科技创新的自主性，优化创新链与产业链的精准对接机制，以新供给创造新需求，保障产业链供应链安全稳定。加快科技创新，是奋进全面建设社会主义现代化国家新征程的需要。从提出"四个现代化"到提出全面建成社会主义现代化强国，科学技术现代化从来都是我国实现现代化的重要内容。

习近平总书记指出，"现在，我们迎来了世界新一轮科技革命和产业变革同我国转变发展方式的历史性交汇期，既面临着千载难逢的历史机遇，又面临着差距拉大的严峻挑战"。必须清醒看到，我国在一些关键核心技术方面受制于人的局面尚未根本改变，创造新产业、引领未来发展的科技储备远远不够，不少产业还处于全球产业链价值链中低端。历史和现实深刻警示我们：有的历史性交汇期可能产生同频共振，有的历史性交汇期也可能擦肩而过。科技的竞争，从另一个角度看也是创新体系的竞争。当今科技创新活动不断突破地域、组织、技术的界限，已经演化为创新体系的竞争。党的二十大报告提出，“提升国家创新体系整体效能”。实现这一目标，要进一步完善党中央对科技工作统一领导的体制，发挥我国集中力量办大事的制度优势，健全新型举国体制。

形势逼人，挑战逼人，使命逼人。科技创新是经济社会发展的重要引擎，是应对许多全球性挑战的有力武器。在新发展阶段，贯彻新发展理念，构建新发展格局，危机并存、危中有机、危可转机。唯有创新，才能把竞争和发展的主动权牢牢掌握在自己手中；唯有创新，才能重塑我国国际合作和竞争新优势；唯有创新，才能推动我国实现高质量发展。

习近平总书记深刻指出：“科技成果只有同国家需要、人民要求、市场需求相结合，完成从科学研究、实验开发、推广应用的三级跳，才能真正实现创新价值、实现创新驱动发展。”在以中国式现代化实现中华民族伟大复兴的历史进程中，充分发挥科技创新引领作用，坚持科技创新和制度创新“双轮驱动”，持续提升科技自主创新能力，必将推动我国早日进入创新型国家前列，为建成科技强国、实现中华民族伟大复兴不断作出新的更大贡献。

8

如何理解在推进中国式现代化进程中要推进国家安全体系和能力现代化？

备豫不虞，为国常道。就一个国家的生存和发展而言，国家安全是第一大事。推进国家安全体系和能力现代化是维护和塑造国家安全的关键之举和重要工程。

习近平总书记指出："当前我国国家安全内涵和外延比历史上任何时候都要丰富，时空领域比历史上任何时候都要宽广，内外因素比历史上任何时候都要复杂，必须坚持总体国家安全观，以人民安全为宗旨，以政治安全为根本，以经济安全为基础，以军事、文化、社会安全为保障，以促进国际安全为依托，走出一条中国特色国家安全道路。"

总体国家安全观深化和拓展了我们党关于国家安全问题的理论视野和实践领域，为新时代做好国家安全工作提供了根本遵循、指明了前进方向。从提出过程来看，早在2014年，习近平总书记在中央国家安全委员会第一次会议上创造性地提出总体国家安全观，并明确了其基本内涵和体系，初步构建了中国特色安全观的总体框架。党的十九大将坚持总体国家安全观作为新时代坚持和发展中国特色社会主义基本方略的重要内容并写入党章。党的十九届五中全会把统筹发展和安全纳入“十四五”时期我国经济社会发展的指导思想，“十四五”规划和2035年远景目标纲要对此列专章作出战略部署。2020年12月11日，习近平总书记在主持中央政治局第二十六次集体学习时发表重要讲话，就贯彻总体国家安全观提出“十个坚持”的要求，使总体国家安全观内容更加全面、逻辑更加严密。党的十九届六中全会通过的《中共中央关于党的百年奋斗重大成就和历史经验的决议》提出，必须坚持底线思维、居安思危、未雨绸缪，坚持国家利益至上，以人民安全为宗旨，以政治安全为根本，以经济安全为基础，以军事、科技、文化、社会安全为保障，以促进国际安全为依托，统筹发展和安全，统筹开放和安全，统筹传统安全和非传统安全，统筹自身安全和共同安全，统筹维护国家安全和塑造国家安全。这一重要论述进一步从党的百年奋斗历程把握总体国家安全观，凝结着我们党探索国家安全工作规律的实践经验。党的二十大报告专门对推进国家安全体系和能力现代化，坚决维护国家安全和社会稳定进行全面部署，这在党的历次全国代表大会上是第一次。报告指出，“国家安全是民族复兴的根基，社会稳定是国家强盛的前提。必须坚定不移贯彻总体国家安全观，把维护国家安全贯穿党和国家工作各方面全过程，确保国家安全和社会稳定。”

那么，又该如何理解在推进中国式现代化进程中要推进国家安全体系和能力现代化？

第一，推进国家安全体系和能力现代化是党应对国内外复杂局势和各种不确定风险作出的准确研判和应对之策。进入新时代以来，随着我国综合国力的提升，外部压力前所未有，传统安全威胁和非传统安全威胁相互交织，“黑天鹅”“灰犀牛”事件时有发生，我国面临更为严峻的国家安全形势，迫切需要增强维护国家安全的能力和应对各种重大风险的能力。正如习近平总书记一再告诫与提醒的：“中华民族伟大复兴不是轻轻松松、敲锣打鼓就能实现的，必须勇于进行具有许多新的历史特点的伟大斗争，准备付出更为艰巨、更为艰苦的努力。”奋进新征程，全面建设社会主义现代化国家，必然充满各种挑战，必然会面临风高浪急甚至惊涛骇浪的重大考验，只有增强忧患意识，坚持底线思维、居安思危、未雨绸缪，发扬斗争精神，增强斗争本领，准确把握国家安全形势新变化新趋势，着力推进国家安全体系和能力现代化，才能有效防范化解重大安全风险，为全面建设社会主义现代化国家、全面推进中华民族伟大复兴提供坚强安全保障。

第二，推进国家安全体系和能力现代化是全面建设社会主义现代化国家的必然选择。维护国家安全是实现中华民族伟大复兴的根基。将国家安全作为民族复兴的基石是党基于历史自信所做出的重要论断。自新中国成立后，党带领全国人民实现了由站起来到富起来的伟大跃进，回顾新中国成立七十多年的历史进程，无论是“抗美援朝”，还是“两弹一星”等国防尖端科技的突破，党中央始终把维护国家安全工作紧紧抓在手上，为国家和社会经济发展建立稳定的外部环境。进入新时代，党带领全国人民踏上由富起来到强起来的伟大征途，国家安全的内涵也在不断丰富和完善，出现了许多新型领域。我国面临更多诸如经济安全、文化安全、科技安全、网络安全等非传统安全问题，贸易战、芯片战、网络战等频发。基于党积累的成功历史经验和历史自信，结合历史主动，将维护国家安全放在基础性地位，推进国家安全体系和能力现代化是全面建设社会主义现代化国家的必然选择。

第三，推进国家安全体系和能力现代化为中国式现代化提供安全保障。“现代化”是全球范围的普遍现象，主要包括政治、经济、社会和文化领域的现代化。二战结束后，亚非拉地区出现一批新兴民族国家，发展中国家的现代化成为世界政治的重要议程。然而，在发展的实践过程中，很多发展中国家把现代化简单理解为“西方化”或“美国化”，强调现代化的普遍性，忽视了现代化的特殊性，使这些国家陷入“发展中国家难以发展”的怪圈，发展过程中冲突加剧，导致政治不稳定，甚至国家主权面临严重的挑战。中国共产党领导全国人民，历经千辛万苦的长期探索，迎来了中华民族从站起来、富起来到强起来的伟大历史飞跃。尤其是党的十八大以来，党在理论和实践上取得重大创新突破，成功推进和拓展了中国式现代化，拓宽了发展中国家走向现代化的途径，深刻鼓舞着广大发展中国家。新时代以来，国家安全形势出现了新特点新趋势，习近平总书记强调，“要准确把握国家安全形势变化新特点新趋势，坚持总体国家安全观，走出一条中国特色国家安全道路。”国家安全是民族复兴的根基，社会稳定是国家强盛的前提，推进国家安全体系和能力现代化，为建设中国式现代化、实现富强民主文明和谐美丽的社会主义现代化强国奠定了坚实基础。

第四，推进国家安全体系和能力现代化，是建设更高水平的平安中国、满足人民群众日益增长的安全需要的必然要求。中国式现代化是以人民为中心的现代化，群众满不满意、高不高兴、答不答应，是衡量一切工作的唯一标准。社会主义现代化建设的远景目标能否如期实现，归根结底是要看人民的生活水平是否迈上新的台阶，人民平等参与、平等发展权利是否得到充分保障，人民是否生活在文化强国、教育强国、人才强国、体育强国、健康中国。现代化建设归根结底是要诉诸人民真切需求，构建稳定和谐的社会环境，不断增进人民福祉，使最广大人民群众在实际社会活动与情感生活中感受到最直接的参与感、获得感和安全感。国泰民安是人民群众最基本、最普遍的愿望，维护国家安全是全国各族人民根本利益所在。特别是中国特色社会主义新时代，安全在人民对美好生活的追求中分量越来越重、越来越多样化多层次，从生命财产安全上升到安业、安居、安康、安心等各方面，内涵外延不断拓展，标准要求更新更高。只有不断推进国家安全体系和能力现代化，努力建设更高水平的平安中国，着力解决人民群众最关心最直接最现实的安全问题，才能让人民群众获得感、幸福感、安全感更加充实、更有保障、更可持续，更好满足人民群众对美好生活的向往。

第五，推进国家安全体系和能力现代化，是谱写“中国之治”新篇章的战略要求。国家安全体系和能力现代化是推进国家治理体系和治理能力现代化的重要内容。党的二十大报告从新时代坚持和发展中国特色社会主义的战略高度，以更为宏大的视野、更为完善的思路、更为有力的举措深化国家治理，把“国家安全体系和能力现代化”作为关键词来统领维护国家安全和社会稳定的决策部署和思路举措，表明我们党更加深刻地把握了推进国家治理体系和治理能力现代化的客观规律，更加注重“从制度上根本解决问题”，坚持从“治本之策”的高度促进国家安全和社会稳定。只有深刻领悟这种深远考量，适应新时代新要求，构建系统完备、科学规范、运行有效的国家安全制度体系，才能确保国家安全体系和能力同国家治理体系和治理能力现代化进程相适应，续写社会长期稳定奇迹新篇章。

“不谋万世者，不足谋一时；不谋全局者，不足谋一域。”在全面建设社会主义现代化国家新征程上，推进国家安全体系和能力现代化既是重大理论问题，也是重要实践要求。我们要把推进国家安全体系和能力现代化作为重大战略任务，在学懂弄通做实上下功夫，推动新时代国家安全工作不断展现新气象、实现新作为。

增强居安思危的忧患意识。历史启示我们，越是前景光明，越是要有如履薄冰的谨慎，越是要有居安思危的忧患，绝不能犯战略性、颠覆性错误。增强忧患意识是我们党与生俱来的优秀品质，一代代中国共产党以忧党、忧国、忧民的强烈使命担当，带领中国人民书写了不断发展壮大的辉煌历史篇章。当前，我国发展面临新的战略机遇、新的战略任务、新的战略阶段、新的战略要求、新的战略环境。党的二十大报告中指出："我们必须增强忧患意识，坚持底线思维，做到居安思危、未雨绸缪，准备经受风高浪急甚至惊涛骇浪的重大考验。"我们既要善于从世界百年未有之大变局中洞察我国发展面临的风险和挑战，又要敏锐把握我国国内发展中面临的安全问题和隐患；既要打好防范和抵御风险的有准备之战，也要打好化险为夷、转危为机的战略主动战。

坚持系统谋划的思想方法。推进国家安全体系和能力现代化，是一个复杂的系统工程。我们要主动运用系统思维来筹划推进，注重前瞻性思考，善于观大势、察风险、谋远略、控全局，把历史、现实和未来贯通起来把握国家安全工作；注重全局性谋划，坚持以全球思维谋篇布局，坚持原则性和策略性相统一，维护塑造国家安全态势；注重整体性推进，完善国家安全战略和政策，把握各项安全工作、各种安全要素的关联性和耦合性，在统筹兼顾中实现协同发展，把维护国家安全的战略主动权牢牢掌握在自己手中。

增强科技支撑的硬核能力。科技从来没有像今天这样深刻影响国家安全和军事战略全局。党的二十大报告把科技作为全面建设社会主义现代化国家的基础性、战略性支撑之一。科技水平是维护国家安全的重要保障，从历史维度来看，关键核心技术安全可控是维护国家主权安全的重要支撑；从现实维度来看，科技体系完整有效是维护各领域安全的可靠手段；从未来维度来看，科技自立自强是保障国家核心利益和安全不受外部科技优势危害的重要基石。如今，能源安全、粮食安全、网络安全、生态安全、生物安全、国防安全等风险压力不断增加，要强化事关国家安全和经济社会发展全局的重大科技任务的统筹组织，把关键核心技术掌握在自己手中，自觉将最新科技成果及时广泛应用于国家安全领域，及时丰富维护国家安全的有效手段，在更大范围、更高水平上，为经济社会发展、保障和改善民生、保障国防安全提供有力支撑。

思所以危则安矣，思所以乱则治矣，思所以亡则存矣。新时代新征程新伟业，下好先手棋、打好主动仗，不断塑造总体有利的国家安全战略态势，我们就一定能牢牢掌握维护国家安全的战略主动权，防范和化解影响民族复兴进程的各种风险，为中国式现代化走得更稳开辟更大战略空间，让承载着 14 亿多中国人民伟大梦想的中华巨轮继续劈波斩浪、扬帆远航，驶向更加光明的未来！

9

如何理解推进中国式现代化要敢于斗争、善于斗争？

恩格斯说过：“对每一个国家来说，能最快、最有把握地实现目标的策略，就是最好的策略。”能否妥善处理好“斗争”与“团结”的辩证关系，是检验无产阶级政党成熟与否的重要标志。特别是在复杂多变的环境中，无产阶级更要保持清醒，保持独立性，同时还要注意观察和捕捉敌人阵营中的争斗、“缺口”和矛盾，不失时机地创造条件，团结一切“可能”的有利因素，以解决当前面对的主要矛盾。中国共产党是无产阶级政党。正如《共产党宣言》所指出的，“在实践方面，共产党人是各国工人政党中最坚决的、始终推动运动前进的部分；在理论方面，他们比其余的无产阶级群众优越的地方在于他们了解无产阶级运动的条件、进程和一般结果”。

敢于斗争是我们党的鲜明品格。《中共中央关于党的百年奋斗重大成就和历史经验的决议》，将“坚持敢于斗争”列为一条重要历史经验。决议指出，党和人民取得的一切成就，不是天上掉下来的，不是别人恩赐的，而是通过不断斗争取得的。中国共产党一成立就铭刻着斗争的烙印，革命战争年代，在残酷的斗争环境中，党时刻保持高度警惕，在与强大敌人的长期斗争中壮大。新中国成立后，党带领人民矢志改变旧中国一穷二白面貌，以“敢教日月换新天”的大无畏精神，以斗争解难题、求发展、促团结，在斗争中站稳脚跟，全面推进社会主义建设。改革开放以来，党领导人民开创和发展中国特色社会主义，成功应对一系列重大风险挑战，为实现中华民族伟大复兴提供充满新的活力的体制保证和快速发展的物质条件，靠的同样是勇立潮头、奋勇搏击的伟大斗争。党的二十大报告多次提及“斗争精神”一词，不仅将“敢于斗争、善于斗争”纳入“三个务必”之中，而且将“坚持发扬斗争精神”作为我们党在新时代新征程前进道路上必须牢牢把握的重大原则之一。在学习贯彻党的二十大精神研讨班开班式上，习近平总书记强调指出：“推进中国式现代化，是一项前无古人的开创性事业，必然会遇到各种可以预料和难以预料的风险挑战、艰难险阻甚至惊涛骇浪，必须增强忧患意识，坚持底线思维，居安思危、未雨绸缪，敢于斗争、善于斗争，通过顽强斗争打开事业发展新天地。”

党的十八大以来，我们党面临形势环境的复杂性和严峻性、肩负任务的繁重性和艰巨性世所罕见、史所罕见。以习近平同志为核心的党中央对党和国家面临的新形势新任务作出科学判断，带领人民勇于进行具有许多新的历史特点的伟大斗争。大力推进党风廉政建设和反腐败斗争，敢于刀刃向内、敢于刮骨疗毒、敢于壮士断腕，根本扭转了管党治党宽松软状况；组织人类历史上规模最大的脱贫攻坚战，攻克一个个贫中之贫、坚中之坚，历史性地解决了绝对贫困问题；面对突如其来的新冠疫情，开展抗击疫情人民战争、总体战、阻击战，统筹疫情防控和经济社会发展取得重大积极成果；同意识形态领域的错误思潮作坚决斗争，坚决打赢各种敌对势力对我发动的没有硝烟的思想战、舆论战，推动意识形态领域形势发生全局性、根本性转变；同国际上形形色色的单边主义、贸易保护主义、霸凌行径作坚决斗争，坚定维护和践行真正的多边主义，在斗争和合作中坚决维护国家尊严、捍卫国家利益……回首过去十年多来，一系列突破性进展是在斗争中实现的，一系列标志性成果是在斗争中取得的。惟其艰难，方显勇毅。新时代的伟大成就饱含着党和人民攻坚克难的果敢、创新创造的智慧，体现了百年大党永不褪色的革命性和战斗性。

马克思主义哲学告诉我们，社会在矛盾运动中前进，有矛盾就会有斗争。当前，世界百年未有之大变局加速演进，世界之变、时代之变、历史之变的特征更加明显，这对我们的斗争精神、斗争意志、斗争本领都提出了更高要求。

从当前国内外的斗争形势来看，经过新中国成立 70 多年特别是改革开放 40 多年的发展，我国的综合国力、国际地位、国际影响力不断提高，第一个百年奋斗目标即将实现，第二个百年奋斗目标即将开启。现在，我们比历史上任何时期都更接近中华民族伟大复兴的目标，比历史上任何时期都更有信心、有能力实现这个目标。当然，由于我国在高技术领域的发展速度和规模已经超过了很多西方国家，在国际事务中的地位越来越重要，参与国际决策的权利和影响力也越来越大，这让个别西方国家感到强大压力。随着我国经济总量日益接近世界第一，他们的焦虑感、危机感与日俱增，必然加大对我国在政治上打压、经济上遏制、文化上渗透的力度。当前和今后一个时期，我国发展进入各种风险挑战不断积累甚至集中显露的时期，经济、政治、文化、社会、生态文明建设、国防和军队建设、港澳台工作、外交工作、党的建设等方面面临的重大斗争不会少，而且越来越复杂，这些都是我国由大向强发展进程中不可避免的挑战。

从斗争精神的基本内涵来看，发扬斗争精神是坚持和发展马克思主义的根本体现，是党和人民攻坚克难、赢得胜利的强大精神力量。斗争精神是马克思主义所固有的理论品格和精神特质，是中华民族和中国共产党的宝贵精神财富。第一，斗争精神是马克思主义的重要理论特质。从本质上来说，斗争的实质就是认识、分析、解决矛盾问题，促进事物向前发展的过程。马克思主义在斗争中诞生、在革命中发展、在实践中创新。一部马克思主义发展史，也是马克思主义者进行不懈斗争的历史。第二，斗争精神是中华民族的优秀传统文化基因。它体现了人们面对困难和挑战时勇往直前、坚持不懈的精神品质。中华文明经久不衰、延绵5000多年，一个重要原因就是永不屈服、永不放弃，敢于同自然灾害斗争、同各种艰难险阻斗争、同不公平的命运斗争。这种斗争精神早已成为我国优秀文化的精髓源远流长、延绵不断。近代中国内忧外患，无数仁人志士发出变革图强革命的呐喊，展开了百折不挠的殊死抗争，为中华民族烙上矢志不渝、勇于斗争的精神印记。第三，斗争精神是中国共产党不可战胜的精神底色。在庆祝中国共产党成立100周年大会上，习近平首次概括了伟大建党精神的丰富内涵，并把“不怕牺牲、英勇斗争”融入伟大建党精神。从革命年代，到建设时期，再到改革时代，直至今天，中国共产党始终以坚定的斗争意志攻坚克难、成就伟业。在长期的革命实践中，斗争精神逐渐丰富发展，成为中国共产党人展开军事斗争、意识形态斗争等各领域斗争的重要思想武器，进而成为赢得胜利的重要法宝和实践原则。敢于斗争、敢于胜利，是中国共产党人在百年征程中淬炼出的鲜明政治品格，是中国共产党不可战胜的强大精神力量。

从斗争精神与中国式现代化的关系来看，斗争精神是推进中国式现代化的动力源泉。习近平总书记指出：“我们党依靠斗争创造了历史，更要依靠斗争赢得未来。”中国式现代化开辟了一条不同于西方的现代化道路新路。中国式现代化的中国特色和本质要求，为全面深化改革开放、推进现代化建设提出了更高标准和任务。与此同时，改革开放正处于攻坚克难的重要阶段，中国特色社会主义事业越是不断向前发展，就越会触及深层次矛盾和结构性难题，遇到制度性障碍和系统性挑战。当前改革发展稳定任务艰难繁重，面临的风险挑战和各种考验越来越复杂，对我们党治国理政考验和挑战前所未有，必须努力提高政治领航能力、动员组织能力和驾驭复杂矛盾能力，以更大的政治勇气和改革智慧，勇于突破旧的思想观念束缚，尽快攻克体制机制上的顽瘴痼疾，坚决破除利益固化的藩篱，不断将全面深化改革推向前进。推进中国式现代化，会面临各种艰难险阻、严峻挑战和风险考验，甚至会遇到难以想象的惊涛骇浪，必须坚持发扬斗争精神，坚持自力更生、自信自强，牢牢掌握中国发展进步的命运。

方向决定前途。共产党人的斗争是有方向、有立场、有原则的，大方向就是坚持中国共产党领导和我国社会主义制度不动摇。中国式现代化是中国共产党领导的社会主义现代化，必须始终同任何否认、歪曲党的领导的言行作斗争，坚持中国特色社会主义道路自信，才能保证中国式现代化道路走得通、行得稳。推进中国式现代化关键在党，必须为保持党的先进性和纯洁性而斗争。只有持之以恒推进全面从严治党，坚定不移反对腐败，确保党和人民赋予的权力始终用来为人民谋幸福，确保党永远不变质、不变色、不变味，才能经得起前进道路上的各种风浪考验。中国式现代化是全体人民共同富裕的现代化，必须始终把人民的利益放在第一位，与任何有损人民利益的行为作坚决斗争。实现中国式现代化面临着严峻的外部环境考验，必须与危害实现中华民族伟大复兴的行为作斗争。随着中华民族伟大复兴进入不可逆转的历史进程，我们面临着越来越多的外部风险、挑战，我们必须保持顽强斗争精神，保持战略定力，开展坚决斗争，坚定不移推进中华民族伟大复兴进程。

斗争是有章法的，不是逞强好胜、争勇斗狠，而是要注重策略方法，讲求斗争艺术。推进伟大斗争，必须掌握斗争规律，提高斗争本领。在各种重大斗争中，要准确把握大局和大势，明确斗争任务，抓主要矛盾，抓矛盾的主要方面。要精准把握斗争进程，找准出招时机，找准靶心，一击即中。要坚持有理有利有节，把准时度效，团结一切可以团结的力量，调动一切积极因素，在斗争中谋求合作，在斗争中争取共赢。要坚持走群众路线，使人民群众在斗争中辨是非、明方向，不断夯实党执政的阶级基础和群众基础。

斗争精神、斗争本领，不是与生俱来的，不会随着党龄增加、职务升迁自然提高。习近平总书记对新时代共产党人发扬斗争精神、掌握斗争本领寄予厚望，要求领导干部要做敢于斗争、善于斗争的“战士”，要求年轻干部成为敢于斗争、善于斗争的“勇士”。只有主动投身到各种斗争中去，经受严格的思想淬炼、政治历练、实践锻炼，在复杂严峻的斗争中经风雨、见世面、壮筋骨，才能烈火真金，练就一身硬功夫。要学懂弄通做实党的创新理论，掌握马克思主义立场观点方法，夯实敢于斗争、善于斗争的思想根基，理论上清醒，政治上才能坚定，斗争起来才有底气、才有力量。要坚持在重大斗争中磨砺，越是困难大、矛盾多的地方，越是形势严峻、情况复杂的时候，越能练胆魄、磨意志、长才干。多经历“风吹浪打”，多捧“烫手山芋”，当几回“热锅上的蚂蚁”，才能不断砥砺斗争精神、切实增强斗争本领。

实现伟大梦想，必须进行伟大斗争。今天，全面从严治党、坚持马克思主义在意识形态领域的指导地位、全面深化改革、推进供给侧结构性改革、推动高质量发展、消除金融领域隐患、保障和改善民生、打赢脱贫攻坚战、治理生态环境、应对重大自然灾害、全面依法治国、处理群体性事件、打击黑恶势力、维护国家安全……对领导干部来说，斗争并不是很远，斗争就在身边。不做爱惜羽毛的“绅士”，做敢于斗争、善于斗争的“战士”，把初心和使命落实到本职岗位上、一言一行中，我们就能为实现“两个一百年”奋斗目标、实现中华民族伟大复兴的中国梦作出应有贡献。

以身许国，何事不可为？以身许国，何事不敢为？年轻干部处在中华民族发展的最好时期，既面临着难得的建功立业的人生际遇，也面临着“天将降大任于斯人”的时代使命。身处我国发展新的历史方位，广大干部特别是年轻干部要不断增强“四个意识”、坚定“四个自信”、做到“两个维护”，严格履行岗位职责，抓好工作任务落实。唯其如此，我们才能胜利实现我们党确定的目标任务，在新的伟大斗争中写下新的光辉篇章！

10 如何理解“从现在起，中国共产党的中心任务是以中国式现代化推进中华民族伟大复兴”？

习近平总书记在党的二十大报告中指出：“从现在起，中国共产党的中心任务就是团结带领全国各族人民全面建成社会主义现代化强国、实现第二个百年奋斗目标，以中国式现代化全面推进中华民族伟大复兴。”这是我们党作出的郑重宣示，是激励全党全国各族人民奋进新征程、建功新时代的总动员令。

要理解“从现在起，中国共产党的中心任务是以中国式现代化推进中华民族伟大复兴”，我们不妨着重从以下几个问题入手来加以分析。

第一个问题，首先要弄明白什么是我们党的“中心任务”。

回溯党的百年历史，我们党在不同历史阶段面临着不同的主要矛盾，肩负着不同的历史使命，因为在不同历史时期会有不同的中心任务，但如果把这些中心任务一个一个串联起来看，它们有一个共同的目标：为了实现中华民族伟大复兴。新民主主义革命时期，党面临的中心任务是，反对帝国主义、封建主义、官僚资本主义，争取民族独立、人民解放，党领导人民浴血奋战、百折不挠，创造了新民主主义革命的伟大成就，为实现中华民族伟大复兴创造了根本社会条件。社会主义革命和建设时期，党面临的中心任务是，实现从新民主主义到社会主义的转变，进行社会主义革命，为实现中华民族伟大复兴奠定根本政治前提和制度基础。社会主义改造基本完成后，党提出国内主要矛盾已经转变为人民对于经济文化迅速发展的需要同当前经济文化不能满足人民需要的状况之间的矛盾，并据此明确全国人民的主要任务是集中力量发展社会生产力，实现国家工业化，逐步满足人民日益增长的物质和文化需要。党提出努力把我国逐步建设成为一个具有现代农业、现代工业、现代国防和现代科学技术的社会主义强国，领导人民开展了全面的大规模的社会主义建设，为实现中华民族伟大复兴奠定根本政治前提和制度基础。改革开放和社会主义现代化建设新时期，党面临的中心任务是，继续探索中国建设社会主义的正确道路，解放和发展社会生产力，使人民摆脱贫困、尽快富裕起来，为实现中华民族伟大复兴提供充满新的活力的体制保证和快速发展的物质条件。在这一时期，党坚持解放思想、锐意进取，进一步明确我国社会主要矛盾是人民日益增长的物质文化需要同落后的社会生产之间的矛盾，明确我们的中心任务就是解决这个主要矛盾。为了加快推进社会主义现代化，党领导人民不懈奋斗，取得一系列重大成就。

我国实现了从生产力相对落后的状况到经济总量跃居世界第二的历史性突破，实现了人民生活从温饱不足到总体小康、奔向全面小康的历史性跨越，推进了中华民族从站起来到富起来的伟大飞跃。

党的十八大以来，中国特色社会主义进入新时代。党面临的中心任务是，实现第一个百年奋斗目标，开启实现第二个百年奋斗目标新征程，朝着实现中华民族伟大复兴的宏伟目标继续前进。在以习近平同志为核心的党中央坚强领导下，全党全军全国各族人民砥砺前行，全面建成小康社会目标如期实现，党和国家事业取得历史性成就、发生历史性变革，彰显了中国特色社会主义的强大生机活力，党心军心民心空前凝聚振奋，为实现中华民族伟大复兴提供了更为完善的制度保证、更为坚实的物质基础、更为主动的精神力量。党和人民的事业奔涌向前，我们党的政策部署也不断跟进。中国共产党第二十次全国代表大会，是在全党全国各族人民迈上全面建设社会主义现代化国家新征程、向第二个百年奋斗目标进军的关键时刻召开的一次十分重要的大会。大会明确了新时代新征程中国共产党的使命任务，就是“从现在起，中国共产党的中心任务就是团结带领全国各族人民全面建成社会主义现代化强国、实现第二个百年奋斗目标，以中国式现代化全面推进中华民族伟大复兴”。由此可知，当前和今后一段时期我们的中心任务就是：团结带领全国各族人民全面建成社会主义现代化强国、实现第二个百年奋斗目标，以中国式现代化全面推进中华民族伟大复兴。

第二个问题，为了深入理解“以中国式现代化推进中华民族伟大复兴”的中心任务，让我们来看看什么是“中国式现代化”。

中国式现代化是我们党领导全国各族人民在长期探索和实践中历经千辛万苦、付出巨大代价取得的重大成果，我们必须倍加珍惜、始终坚持、不断拓展和深化。

中国共产党百年来团结带领中国人民所进行的一切奋斗，就是为了把我国建设成为现代化强国，实现中华民族伟大复兴。在这个过程中，我们党对建设社会主义现代化国家在认识上不断深入、在战略上不断成熟、在实践上不断丰富，开创了中国式现代化道路。社会主义革命和建设时期，我们党提出努力把我国逐步建设成为一个具有现代农业、现代工业、现代国防和现代科学技术的社会主义强国目标。改革开放和社会主义现代化建设新时期，我们党提出“中国式的现代化”论断，制定了到 21 世纪中叶分三步走、基本实现社会主义现代化的发展战略。在新中国成立特别是改革开放以来的长期探索和实践基础上，经过党的十八大以来在理论和实践上的创新突破，我们党成功推进和拓展了中国式现代化。

中国式现代化既有各国现代化的共同特征，更有基于自己国情的中国特色，是人口规模巨大的现代化、是全体人民共同富裕的现代化、是物质文明和精神文明相协调的现代化、是人与自然和谐共生的现代化、是走和平发展道路的现代化。中国式现代化的本质要求是：坚持中国共产党领导，坚持中国特色社会主义，实现高质量发展，发展全过程人民民主，丰富人民精神世界，实现全体人民共同富裕，促进人与自然和谐共生，推动构建人类命运共同体，创造人类文明新形态。中国式现代化的中国特色和本质要求，集中体现了我们党的宗旨使命，深刻反映了社会主义本质，融合吸纳了世界上有益文明成果，拓展了发展中国家走向现代化的途径，给世界上那些既希望加快发展又希望保持自身独立性的国家和民族提供了全新选择。

第三个问题，要继续深入理解"以中国式现代化推进中华民族伟大复兴"，不妨让我们一起来分析一下"中国式现代化"和"中华民族伟大复兴"是什么关系。

中国式现代化是实现中华民族伟大复兴的光明大道。其中，中国式现代化是实践路径，中华民族伟大复兴是最终目标。

新中国成立特别是改革开放以来，中国共产党团结带领中国人民通过走中国式现代化道路，仅用几十年的时间就走完了西方发达国家几百年走过的工业化历程，创造了世所罕见的经济快速发展和社会长期稳定两大奇迹。党的十八大以来，以习近平同志为核心的党中央统筹推进"五位一体"总体布局、协调推进"四个全面"战略布局，攻克了许多长期没有解决的难题，办成了许多事关长远的大事要事，党和国家事业取得历史性成就、发生历史性变革。我们全面建成小康社会、实现第一个百年奋斗目标，国家经济实力、科技实力、综合国力、国际影响力持续增强。2022 年，我国经济总量达到 121 万亿元，占全球经济总量比重超过 18%，人均国内生产总值超过 8 万元。我们如期打赢脱贫攻坚战，现行标准下 9899 万农村贫困人口全部脱贫，完成了消除绝对贫困的艰巨任务。我们建成世界上规模最大的教育体系、社会保障体系、医疗卫生体系，人民生活全方位改善，获得感、幸福感、安全感更加充实、更有保障、更可持续。生态环境保护发生历史性、转折性、全局性变化，绿色、循环、低碳发展迈出坚实步伐。面对突如其来的新冠疫情，坚持人民至上、生命至上，高效统筹疫情防控和经济社会发展，最大限度保护了人民生命安全和身体健康。中国共产党和中国人民正信心百倍推进中国式现代化，实现了中华民族从站起来、富起来到强起来的伟大飞跃，我们比历史上任何时期都更接近、更有信心和能力实现中华民族伟大复兴的目标。

第四个问题，针对下一步工作，“全面建成社会主义现代化强国的总的战略安排和未来五年的主要目标任务”的基本内涵又是什么？

其中，总的战略安排是分两步走：从 2020 年到 2035 年基本实现社会主义现代化；从 2035 年到 21 世纪中叶把我国建成富强民主文明和谐美丽的社会主义现代化强国。到 2035 年，我国发展的总体目标是：经济实力、科技实力、综合国力大幅跃升，人均国内生产总值迈上新的大台阶，达到中等发达国家水平；实现高水平科技自立自强，进入创新型国家前列；建成现代化经济体系，形成新发展格局，基本实现新型工业化、信息化、城镇化、农业现代化；基本实现国家治理体系和治理能力现代化，全过程人民民主制度更加健全，基本建成法治国家、法治政府、法治社会；建成教育强国、科技强国、人才强国、文化强国、体育强国、健康中国，国家文化软实力显著增强；人民生活更加幸福美好，居民人均可支配收入再上新台阶，中等收入群体比重明显提高，基本公共服务实现均等化，农村基本具备现代生活条件，社会保持长期稳定，人的全面发展、全体人民共同富裕取得更为明显的实质性进展；广泛形成绿色生产生活方式，碳排放达峰后稳中有降，生态环境根本好转，美丽中国目标基本实现；国家安全体系和能力全面加强，基本实现国防和军队现代化。在基本实现现代化的基础上，我们要继续奋斗，到21世纪中叶，把我国建设成为综合国力和国际影响力领先的社会主义现代化强国。

此外，关于未来五年的主要目标任务，党的二十大报告指出，未来五年是全面建设社会主义现代化国家开局起步的关键时期，主要目标任务是：经济高质量发展取得新突破，科技自立自强能力显著提升，构建新发展格局和建设现代化经济体系取得重大进展；改革开放迈出新步伐，国家治理体系和治理能力现代化深入推进，社会主义市场经济体制更加完善，更高水平开放型经济新体制基本形成；全过程人民民主制度化、规范化、程序化水平进一步提高，中国特色社会主义法治体系更加完善；人民精神文化生活更加丰富，中华民族凝聚力和中华文化影响力不断增强；居民收入增长和经济增长基本同步，劳动报酬提高与劳动生产率提高基本同步，基本公共服务均等化水平明显提升，多层次社会保障体系更加健全；城乡人居环境明显改善，美丽中国建设成效显著；国家安全更为巩固，建军一百年奋斗目标如期实现，平安中国建设扎实推进；中国国际地位和影响进一步提高，在全球治理中发挥更大作用。

第五个问题，如何“以中国式现代化全面推进中华民族伟大复兴”？

面向未来，关于如何以中国式现代化全面推进中华民族伟大复兴，党的二十大报告鲜明提出了全面建设社会主义现代化国家必须牢牢把握的重大原则，这是党的百年奋斗特别是新时代坚持和发展中国特色社会主义的重要经验，是中国式现代化的鲜明特色和本质要求的重要组成部分，是全面建设社会主义现代化国家的根本遵循。

——坚持和加强党的全面领导。全面建设社会主义现代化国家、全面推进中华民族伟大复兴，关键在党。以中国式现代化全面推进中华民族伟大复兴，必须坚持和加强党的全面领导，这也是其他任何国家实现现代化难以比拟的巨大优势。必须把党的领导落实到党和国家事业各领域各方面各环节，充分发挥党总揽全局、协调各方的领导核心作用，确保我国社会主义现代化建设正确方向，确保拥有团结奋斗的强大政治凝聚力、发展自信心，集聚起万众一心、共克时艰的磅礴力量。

——坚持中国特色社会主义道路。走自己的路，是我们党的全部理论和实践立足点，更是我们党百年奋斗得出的历史结论。我国的现代化建设之所以能够取得今天这样的好局面，根本在于我们的现代化是中国共产党领导的社会主义现代化，是符合中国实际的现代化。前进道路上，既不走封闭僵化的老路，也不走改旗易帜的邪路，坚持把中国发展进步的命运牢牢掌握在自己手中。

——坚持以人民为中心的发展思想。我们党团结带领人民进行革命、建设、改革，根本目的就是为了让人民过上好日子，推进中国式现代化、实现中华民族伟大复兴，同样是为了人民的根本利益。必须坚持把人民对美好生活的向往作为奋斗目标，维护人民根本利益，增进民生福祉，不断实现发展为了人民、发展依靠人民、发展成果由人民共享，让现代化建设成果更多更公平惠及全体人民。

——坚持深化改革开放。改革开放是决定中国命运的关键一招，我国社会主义现代化建设的伟大成就是依靠改革开放取得的。新时代开创了我国改革开放新局面，改革开放成为当代中国最鲜明的特色。改革开放永远在路上。不论国际形势发生什么变化，我们都要高举改革开放的旗帜，推动中国特色社会主义制度更加成熟更加定型，不断增强社会主义现代化建设的动力和活力，把我国制度优势更好转化为国家治理效能。

——坚持发扬斗争精神。敢于斗争、敢于胜利，是党和人民不可战胜的强大精神力量。我们依靠斗争创造历史，更要依靠斗争赢得未来。前进道路上，我们面临的风险和挑战只会越来越复杂，甚至要经受惊涛骇浪的重大考验。

从现在起，中国共产党的中心任务是以中国式现代化推进中华民族伟大复兴。全党全国各族人民要在党的旗帜下团结成“一块坚硬的钢铁”，把思想和行动统一到党的二十大精神上来，心往一处想、劲往一处使，不折不扣抓好贯彻落实，在中国式现代化道路上不断谱写全面建设社会主义现代化国家新篇章，推动中华民族伟大复兴号巨轮乘风破浪、扬帆远航！

问答
WENDA ZHONGGUOSHI XIANDAIHUA
中国式现代化

第二篇章

ZHONGGUOSHI
XIANDAIHUA
DUJU
DE
TESE
YU
YOUSHI

中国式现代化独具的特色与优势

中国共产党100多年团结带领中国人民追求民族复兴的历史，也是一部不断探索现代化道路的历史。经过数代人不懈努力，我们走出了中国式现代化道路。中国式现代化既基于自身国情、又借鉴各国经验，既传承历史文化、又融合现代文明，既造福中国人民、又促进世界共同发展，是我们强国建设、民族复兴的康庄大道，也是中国谋求人类进步、世界大同的必由之路。

中国式现代化，是中国共产党领导的社会主义现代化，既有各国现代化的共同特征，又有基于本国国情的中国特色和独特优势。中国式现代化打破了“现代化＝西方化”的迷思，展现了现代化的另一幅图景，拓展了发展中国家走向现代化的路径选择。它在发展目的的人民性、发展内涵的全面性、发展保障的优越性、发展方式的自主性等方面充分彰显了其不可比拟的优势。深入研究探讨中国式现代化独具的特色与优势，对于谱写全面建设社会主义现代化国家新篇章具有重要的现实意义和深远的历史意义。

11

如何理解“全面建设社会主义现代化国家、全面推进中华民族伟大复兴，关键在党”？

推进中国式现代化，是由中国共产党领导也只有中国共产党领导才能完成的历史伟业。习近平总书记在党的二十大报告中指出：“全面建设社会主义现代化国家、全面推进中华民族伟大复兴，关键在党。”而中国共产党的领导是中国式现代化最鲜明的特征和最突出的优势，是这一切的“关键”。这“关键”二字有着深刻而伟大的内涵：党的领导，就是新中国70多年沧桑巨变的根本原因、最大逻辑和关键推力，直接关系到中国式现代化的根本方向、前途命运、最终成败。只有毫不动摇地坚持党的领导，中国式现代化才能前景光明、繁荣兴盛；否则就会偏离航向、丧失灵魂，甚至犯颠覆性错误。

回首过去，我们讲“关键在党”，这个“关键”就在于党的性质和宗旨与民族复兴大业同向而行。道路决定命运，民族复兴首先面临的是道路问题。百年来，党以新民主主义革命扫清近代“中国该往何处去”的迷茫，点亮复兴灯塔；以社会主义革命和建设回答“一穷二白基础上如何建设一个新世界”的困惑，奠定复兴基础；以中国特色社会主义解答“姓社姓资”等系列难题，锚定复兴方向。

特别是党的十八大以来，我们党在已有基础上继续前进，不断实现理论和实践上的创新突破，成功推进和拓展了中国式现代化。从统筹疫情防控和经济社会发展取得重大积极成果，到历史性地解决绝对贫困问题；从全面建成小康社会，到迈上全面建设社会主义现代化国家新征程；从推动香港局势实现由乱到治的重大转折，到坚决抵制霸凌行径，维护国家安全和核心利益……一系列成就的取得，根本在于习近平总书记作为党中央的核心、全党的核心领航掌舵，在于习近平新时代中国特色社会主义思想的科学指引。一次次大战大考，让全国人民更加深刻感悟到，风雨袭来时，党的坚强领导、党中央的权威是最坚实的靠山。

山雄有脊，房固因梁。党的领导是党和国家事业不断发展的“定海神针”。在新进中央委员会的委员、候补委员和省部级主要领导干部学习贯彻习近平新时代中国特色社会主义思想和党的二十大精神研讨班开班式上，习近平总书记深入阐释党在中国式现代化建设中的领导地位，深刻指出：“这是对中国式现代化定性的话，是管总、管根本的。为什么要强调党在中国式现代化建设中的领导地位？这是因为，党的领导直接关系中国式现代化的根本方向、前途命运、最终成败。”历史和实践充分表明，中国式现代化的重大成果，正是我们党领导全国各族人民在长期探索和实践中取得的，历经了千辛万苦，付出了巨大代价。历史和人民选择了中国共产党，中国共产党也没有辜负历史和人民的选择。

没有中国共产党，就没有新中国，就没有中华民族伟大复兴。党的领导是中国特色社会主义的本质特征，是中国特色社会主义制度的最大优势。只有在党的领导下，才能确保复兴大业正确方向，才能不断解放和发展生产力，才能调动一切积极力量，共圆复兴梦想。

立足当前，我们讲“关键在党”，这个“关键”就在于党要管党、全面从严治党。党的百年征程，是一部波澜壮阔的社会革命史，也是一部激浊扬清的自我革命史。在自我革命和社会革命的相互作用中，党不断得到革命性锻造，社会不断实现跨越式发展，复兴大业不断取得历史性成就，伟大社会革命锻造和成就了伟大的党，伟大自我革命保障和推动了伟大的事业。新时代伟大变革，正是从加强党的全面领导、全面从严治党开始的。十年来，以习近平同志为核心的党中央以前所未有的决心和力度深入推进全面从严治党，推动全党坚定理想信念、严密组织体系、严明纪律规矩，刹住了一些长期没有刹住的歪风，纠治了一些多年未除的顽瘴痼疾，消除了党、国家、军队内部存在的严重隐患，赢得了保持同人民群众的血肉联系、人民衷心拥护的历史主动，赢得了全党高度团结统一、走在时代前列、带领人民实现中华民族伟大复兴的历史主动。面对中华民族伟大复兴战略全局和世界百年未有之大变局交织激荡、深度演进，前进道路不可能一片坦途，必然要面对各种重大挑战、重大风险、重大阻力、重大矛盾，必须始终保持赶考的清醒，坚持理想信念，坚守初心使命，勇于自我革命。可以看到，党的二十大报告在对过去五年工作的回顾中，首先提出的就是坚持加强党的全面领导和党中央集中统一领导。在对新时代十年伟大变革的回顾中，创立习近平新时代中国特色社会主义思想和全面加强党的领导分别被摆在第一和第二位。同样是在党的二十大报告中，习近平总书记还提出以中国式现代化全面推进中华民族伟大复兴，明确了前进道路上必须牢牢把握的“五个重大原则”，其中第一条就是“坚持和加强党的全面领导”。除此之外，报告还对坚定不移全面从严治党、深入推进新时代党的建设新的伟大工程作出重大部署。

现实提醒我们：赶考永远在路上，时代正在给出新的考题。事实证明，中华民族伟大复兴绝不是轻轻松松、敲锣打鼓就能实现的，前进道路上必然存在可以预料和难以预料的各种风险挑战。越是形势复杂、任务艰巨，越要把党的领导这个最大优势发挥好。只要坚持党的全面领导不动摇，坚决维护习近平总书记党中央的核心、全党的核心地位，坚决维护以习近平同志为核心的党中央权威和集中统一领导，全面贯彻习近平新时代中国特色社会主义思想，充分发挥党的领导政治优势，就一定能够确保全党全军全国各族人民团结一致向前进。

展望未来，我们讲“关键在党”，这个“关键”就在于要毫不动摇坚持党对一切工作的领导。2020 年 4 月 21 日，在脱贫攻坚决战决胜的关键时刻，习近平总书记带领陕西省委书记、安康市委书记、平利县委书记、蒋家坪村党支部书记走进绿意盎然的茶园，“五级书记同框”的画面被镜头定格，珍贵的瞬间呈现出党的性质宗旨、凸显了党的全面领导的政治优势。在民族复兴的大棋局中，党中央是坐镇中军帐的“帅”，车马炮各展其长，一盘棋大局分明。特别是党的十八大以来，以习近平同志为核心的党中央旗帜鲜明坚持和加强党的全面领导，把党的领导贯穿到治国理政全部活动中，推动党和国家事业取得历史性成就、发生历史性变革，中国特色社会主义事业展现出前所未有的光明前景。党的十九届六中全会明确指出，党确立习近平同志党中央的核心、全党的核心地位，确立习近平新时代中国特色社会主义思想的指导地位，反映了全党全军全国各族人民共同心愿，对新时代党和国家事业发展、对推进中华民族伟大复兴历史进程具有决定性意义。

未来要求我们：在坚持党的领导这个重大原则问题上，我们的头脑要特别清醒、眼睛要特别明亮、立场要特别坚定，绝不能有任何含糊和动摇。坚持党的领导，就要坚持党中央的集中统一领导，坚定维护习近平总书记的核心地位，坚持习近平新时代中国特色社会主义思想的指导地位，深刻体悟“两个确立”的决定性意义，转化为坚决做到“两个维护”的自觉行动，转化为对习近平新时代中国特色社会主义思想的忠诚信仰和对中华民族伟大复兴的坚强信心，以核心凝聚力量，以旗帜引领方向，以斗争赢取伟大复兴的最终胜利。

习近平总书记曾经感叹："在中国这么大的国家搞建设，很不容易。"规模优势并不会自动变成发展优势，世界上不乏人口众多、面积广阔的国家，却少有哪个国家能像中国一样如此迅速地发展起来。正是因为中国有中国共产党这个坚强的"领航者"和"主心骨"，才能够把内部巨大的丰富性统一到国家的整体框架中，才能够把亿万人民的力量凝聚到民族的复兴目标上，才能够让"超大规模"成为我国经济社会发展的活力所在，成为我们不惧风浪的底气所在。

习近平总书记指出："我们这么大一个国家，就应该有雄心壮志。"新征程上以中国式现代化全面推进中华民族伟大复兴，关键是要深刻领悟"两个确立"的决定性意义，牢记"国之大者"，增强"四个意识"、坚定"四个自信"、做到"两个维护"，坚决维护党中央权威和集中统一领导，把党的领导落实到党和国家事业各领域各方面各环节，集聚起万众一心、共克时艰的磅礴力量，不断夺取全面建设社会主义现代化国家新胜利！

12

如何理解中国式现代化是人口规模巨大的现代化？

从历史上看，中国在世界人口中所占的比重一直很大。中国大部分国土处于温带，处于较适合人类居住的理想环境，与其他位于温带的国家相比，中国又较早地进入对本地区进行充分开发的阶段，形成了有利于人口聚集和繁衍的环境。在持续数千年的农耕文明发展进程中，中国很早就形成了根深蒂固的“多子多福”的观念，在相当漫长的时间内，深刻地影响着中国古代的人口增长和人口规模。

据有关统计数据显示，在1840年近代之前，中国的人口已达4.3亿，占世界人口的34%。从1840年到1949年新中国成立前，由于战争、毒品、灾荒等历史原因或自然原因，人口缓慢增长。

在中华人民共和国成立之初的1950年，中国拥有总人口5.54亿，占世界人口的21.9%。1960年—2021年，中国人口数从6.67亿增至14.12亿，同期世界人口数从30.32亿增至78.37亿，中国人口数占世界人口数的比重从22%降至18.02%，但中国人口规模始终在全球排名第一。

根据世界银行数据库的各国人口资料，2021年世界人口规模排名前十的国家分别为：中国（14.12 亿）、印度（13.93 亿）、美国（3.32 亿）、印度尼西亚（2.76 亿）、巴基斯坦（2.25 亿）、巴西（2.14 亿）、尼日利亚（2.11 亿）、孟加拉国（1.66 亿）、俄罗斯（1.43 亿）、墨西哥（1.3 亿）。除印度之外，其他人口大国与中国的人口规模存在明显落差，中国人口数甚至超过了世界人口数排名从第四到第十共 7 个国家的总和。

习近平总书记在党的二十大报告中指出：“中国式现代化是人口规模巨大的现代化”。我国十四亿多人口整体迈进现代化社会，规模超过现有发达国家人口的总和，艰巨性和复杂性前所未有，发展途径和推进方式也必然具有自己的特点。”在这样的发展中国家实现现代化，在世界上没有先例可循，没有现成道路可走。同时，在中国这样具有巨大人口规模的国家推进现代化，其难度是前所未有的。

这主要是因为：在其他因素给定的条件下，人口规模巨大意味着人均资源占有量处于相对不利的地位。中国人口多，分布不均匀，东部和东南部人口密集，西部和西北部人口稀少。中国人均占有耕地、水及矿产资源远低于世界平均水平。中国人均耕地面积不到全球平均水平的 1/2，人均水资源量约占全球平均水平的 1/4。在中国，即使问题再小，只要乘以如此大的人口基数，就会变成世界性的难题，吃饭、就业、教育、医疗、住房、养老等，哪一个问题的解决都不是容易的事。人口规模巨大意味着国内的发展存在一定差距，城乡之间、地区之间、行业之间存在着不平衡发展，不同社会成员的禀赋条件和收入水平也会有一定落差，回应这种差距是具有挑战性的。人口数量越多，人口的差异性、多样性和复杂性越强，人口和经济社会治理的难度更大，也必然会产生“先富”和“后富”的差距。按全国居民五等份收入分组，2021 年，我国高收入组家庭人均可支配收入组家庭为 85836 元，低收入组家庭人均可支配收入为 8333 元，前者是后者的 10 倍多。尽管我国已经消除了绝对贫困，但相对贫困仍然存在。人口规模巨大意味着不同社会成员的发展条件和利益诉求并不一致，在推进现代化的进程中，需要具备强大的动员和组织能力，以解决社会成员之间的激励相容和发展动力问题。

在以中国式现代化全面推进中华民族伟大复兴进程中，人口规模巨大，既是优势与红利，也是压力和考验。“逢山开路、遇水架桥”是中国推进现代化的内在要求。考虑到中国式现代化追求的是全体人民的共同富裕，而不是单一的经济总量高增长，那么中国是在条件更加严苛（人口规模巨大）的情形下实现目标更为高远（全体人民共同富裕）的现代化，这种现代化的实现难度不言而喻。

第一，人口规模巨大，决定了实现全体人民共同富裕是中国式现代化的必然任务。西方资本主义国家出现的两极分化，是现代化进程中的深刻教训。作为一个人口规模巨大的国家，如果贫富分化严重、中产阶层塌陷、社会撕裂、政治极化，后果是极为严重、不可想象的。推进中国式现代化，必须坚持共享发展、实现全体人民共同富裕，这是社会主义的本质要求，也是全体人民的共同期盼。同时，也要看到，人口规模巨大的基本国情，决定实现全体人民共同富裕不是一件容易的事情，实现这一艰巨的任务，需要较长的过程，要立足中国发展实际，有效破除地区差距、城乡差距、收入分配差距，朝着实现全体人民共同富裕不断迈出坚实步伐。

第二，人口规模巨大，决定了物质文明和精神文明相协调是中国式现代化的必然要求。物质贫困难以支撑社会主义现代化强国建设，精神贫乏也难以适应社会主义现代化强国建设。物的极大丰富和人的全面发展，相辅相成，都是现代化的重要内容。人口规模巨大，就更需要通过不断厚植现代化物质基础，来解决区域发展不平衡不充分等问题，夯实人民幸福生活的物质条件；人口规模巨大，就更加需要重视精神文明建设，不断巩固全党全国各族人民团结奋斗的共同思想基础。中华优秀传统文化和中华民族精神，构筑起中华民族共有的精神家园。中国人民在现代化发展历程中始终坚守自己的精神世界，在传承优秀传统文化中葆有自己的心灵依托，将为中国式现代化提供取之不尽、用之不竭的精神动力。

第三，人口规模巨大，决定了人与自然和谐共生是中国式现代化的必要前提。我国是世界第一人口大国，不可再生资源的有限性与中国式现代化发展的无限性存在突出矛盾，经济发展对生态环境造成很大压力。人民日益增长的美好生活需要，也包括对优美生态环境的需要。人与自然是生命共同体，人类必须敬畏自然、尊重自然、顺应自然、保护自然。为此，我们就要坚持推动更高质量、更有效率、更加公平、更可持续、更为安全的发展，在更高层次上实现人与自然和谐共生，为共同富裕注入了“代际公平”层面的新内涵。

第四，人口规模巨大，决定了走和平发展道路是中国式现代化的必然选择。中华民族是爱好和平的民族，中华文明一贯的处世之道是亲仁善邻、协和万邦。“和”成为中华民族同外部世界交往的重要原则，构建一个和平共处的世界是中华民族始终不渝的追求。中华民族经历了西方列强侵略、凌辱的悲惨历史，深知和平的宝贵，绝不可能重复西方国家的老路。14 亿多中国人民向往和平、追求和平，决定了中国式现代化只能是走和平发展道路的现代化。中国的发展得益于和平稳定的外部环境，中国进一步发展同样需要和平稳定的外部环境。共同进入现代化的 14 亿多中国人民，是维护世界和平的重要力量，将为构建人类命运共同体注入新动力和正能量。

大有大的难处，大也有大的优势。巨大的人口数量蕴藏着巨大的力量。从经济发展的角度看，人既是生产者也是消费者，具有创造财富、扩大需求和创新科技的能力。从社会发展和国家安全的角度看，巨大的人口规模一方面意味着更加丰富的思想资源，是先进文化建设和创新的源泉，另一方面提供了充足的人力资源和国防后备力量，是我国保持国家安定、推进现代化建设的基础保障。据联合国预测，当前到 2050 年我国建成社会主义现代化强国之际，我国劳动年龄人口数量和比重都始终高于发达国家，我国的劳动力资源仍然相对丰富，保持了人口数量的规模优势。目前，我国拥有 14 亿多人口和全球规模最大、成长性最好的中等收入群体，人均 GDP 已超过 1.27 万美元，即将迈入高收入国家门槛，居民家庭消费升级的趋势明显，内需潜力巨大。党的十八大以来，我们党立足新发展阶段、贯彻新发展理念、构建新发展格局、推动高质量发展，赋予中国式现代化一系列新的特征。组织实施了人类历史上规模空前、力度最大、惠及人口最多的脱贫攻坚战，全面消除绝对贫困，如期全面建成小康社会。积极推进以人为核心的新型城镇化，顺利实现 1 亿非户籍人口在城市落户目标，常住人口城镇化率达到 64.7%。推动实现更加充分、更高质量的就业，建成世界上规模最大的教育体系、社会保障体系、医疗卫生体系，在幼有所育、学有所教、劳有所得、病有所医、老有所养、住有所居、弱有所扶上不断取得新进展。14 亿多人口的东方大国在中国共产党的领导下走出了中国式现代化道路，创造了人类文明新形态。习近平总书记指出："在我国这样一个 14 亿人口的国家实现社会主义现代化，这是多么伟大、多么不易！"中国共产党是中国式现代化的主心骨和领航者，具有严密的组织体系、强有力和广泛的社会动员能力，这是世界上任何国家实现现代化都难以比拟的巨大优势。

从国际的角度看，中国共产党领导全国人民经过抗日战争和解放战争取得了新民主主义革命的胜利，并于 1949 年 10 月 1 日宣告成立中华人民共和国，新中国的成立使得中国具有了广袤的疆域、强大的国防以及平稳的社会秩序。作为人口规模巨大的、统一的多民族国家，在全球化背景下，中国应对外部冲击、干扰甚至挑战的能力在显著增强，为国内的现代化建设提供了前提条件。

从国内的角度看，中国共产党的领导使得中国式现代化具有稳定的、高远的战略目标指向，即实现全体人民的共同富裕。“总体而言，中国政府做到了把社会整体的长远利益放在改革和政策制定的首要考虑位置”。这种基于长远利益的战略部署和政策实施与中国共产党作为马克思主义使命型政党的特质紧密关联。中国共产党的领导使中国式现代化具有坚实的思想指导，即坚持把马克思主义基本原理同中国具体实际相结合、同中华优秀传统文化相结合，在马克思主义中国化时代化进程中推动理论创新，依靠理论创新成果指导推动中国经济社会等各个领域的事业发展。中国共产党的领导使中国式现代化具有强大的组织动员能力，党没有任何自己特殊的利益，从来不代表任何利益集团、任何权势团体、任何特权阶层的利益，始终坚持以人民为中心的发展思想，在实践中通过推动制定国家发展规划、调整经济社会政策、实施城乡区域发展战略等方式，广泛动员和组织各领域各民族各地区社会成员，在“发展为了人民、发展依靠人民、发展成果由人民共享”中汇聚社会力量，进而使中国式现代化具有“一张蓝图绘到底”“众人拾柴火焰高”的显著特征。中国共产党的领导使中国式现代化道路更有“规划”，更有“章法”。在中国共产党的领导下，充分发挥党总揽全局、协调各方的领导核心作用，加强对现代化建设中的根本性、全局性、长远性问题的谋划和部署，统筹推进“五位一体”总体布局，协调推进“四个全面”战略布局，引领人口规模巨大的现代化不断迈出坚实步伐。在中国共产党的领导下，始终坚持中国式现代化的社会主义性质，充分发挥社会主义制度集中力量办大事的优势，在统筹兼顾中协调处理好现代化建设各方面各领域的关系，在重点领域和关键环节不断实现突破，解决发展不平衡不充分的突出问题。在中国共产党的领导下，坚持发展全过程人民民主，尊重和保障人权，充分激发广大人民群众的积极性、主动性、创造性。

在不远的将来，当拥有 14 亿多人口的中国成功跻身现代化国家行列，那一定是中华文明史上的最为壮丽的篇章，那一定是中国对人类社会作出的最为伟大的贡献！回首过去，在实现人口规模巨大的现代化进程中，我们已经跑出了好成绩，已经踏上了全面建设社会主义现代化国家的新征程，已经为圆梦现代化强国奠定了坚实基础。展望未来，面对可预见和不可预见的风险挑战，我们必须在具有许多新的历史特点的伟大斗争中，继续跑好属于我们的这一棒！

13

如何理解中国式现代化是全体人民共同富裕的现代化?

什么是“富裕”？富裕是人类在比较体系中界定的一种生活状态，所以不但具有不同发展阶段的历时性，更具有当下比较水平的现时性。新时代的富裕在内涵上是全结构福祉，但在操作化测量时，学术界和政策部门一般用家庭恩格尔系数、人均国民收入来观察富裕的程度，用收入基尼系数和财富基尼系数指标来观察富裕差距即平等水平。其中暗含的假设是，人均国民收入水平越高，其全结构福祉也越高；年度收入分配和长年积累财富的基尼系数越大，全结构福祉的差别不平等也越大。从马克思主义经典作家的表述来看，马克思在《1857—1858年经济学手稿》中指出，未来社会的“生产将以所有的人富裕为目的”。恩格斯指出，只有实现“所有人共同享受大家创造出来的福利”，方可使“社会全体成员的才能得到全面发展”。列宁认为，在社会主义社会，大家都应该做工，共同劳动的成果归全体劳动者享有。从社会政策视角看，共同富裕立足于共同权利、生成于共同发展、实现于共同享用。也就是说共同富裕意味着全体人民的共同权利覆盖国家的基本政治制度，共同劳动、共同占有、共同享用、共同处置机制覆盖了国家基本经济制度、基本社会制度、基本文化制度和生态文明制度。在新的历史征程上，共同富裕是中国特色社会主义的本质要求，集中体现了我们党全心全意为人民服务的根本宗旨。共同富裕强调的是全体人民的富裕，是人民群众物质生活和精神生活都富裕，不是少数人的富裕，也不是整齐划一的平均主义。

实现共同富裕，是中国共产党的奋斗目标，也是社会主义的本质要求。

党的早期领导人李大钊在对未来社会主义进行构想时明确指出，“社会主义是要富的，不是要穷的”，要使“人人均能享受平均的供给，得最大的幸福”。根据当时的中国国情，农民占全国人口的绝大多数，如何让广大农民尽快摆脱贫穷落后和解决他们的生活温饱及富裕问题成为当时的迫切任务。也正因为如此，我们党不论在井冈山时期、延安时期还是西柏坡时期，都把“打土豪、分田地”作为实现农民生活富裕的主要手段，把“耕者有其田”作为实现农民富裕的必要条件。

毛泽东同志对如何实现人民富裕和国家富强作过多次重要论述，指出：“没有独立、自由、民主和统一，不可能建设真正大规模的工业。没有工业，便没有巩固的国防，便没有人民的福利，便没有国家的富强。”中国共产党人认识到，要想摆脱贫穷落后的面貌、走向共同富裕，实现民族独立和人民解放是前提。1953 年，毛泽东同志提出“共同富裕”的概念，明确党在农村中的任务就是把农民联合起来，通过农业的改造使广大农民“能够逐步完全摆脱贫困的状况而取得共同富裕和普遍繁荣的生活”。1955 年 10 月 29 日，毛泽东同志在资本主义工商业社会主义改造问题座谈会上明确提出：“现在我们实行这么一种制度，这么一种计划，是可以一年一年走向更富更强的，一年一年可以看到更富更强些。而这个富，是共同的富，这个强，是共同的强。”

1985 年 3 月，邓小平同志指出：“社会主义的目的就是要全国人民共同富裕，不是两极分化。”他特别强调：“一个公有制占主体，一个共同富裕，这是我们必须坚持的社会主义的根本原则。”1992 年初，邓小平同志在南方谈话中把共同富裕作为社会主义的本质内容，提出“社会主义的本质，是解放生产力，发展生产力，消灭剥削，消除两极分化，最终达到共同富裕”。对于如何实现共同富裕，他认为，“一部分地区、一部分人可以先富起来，带动和帮助其他地区、其他的人，逐步达到共同富裕”。1990 年 12 月，邓小平同志明确指出，共同富裕“将来总有一天要成为中心课题。社会主义不是少数人富起来、大多数人穷，不是那个样子。社会主义最大的优越性就是共同富裕，这是体现社会主义本质的一个东西”。

“实现共同富裕不仅是经济问题，而且是关系党的执政基础的重大政治问题”。党的十八大以来，以习近平同志为核心的党中央坚持以人民为中心的发展理念，立足全面建设社会主义现代化国家战略目标，从改善民生和维护最广大人民根本利益的角度，提出了关于新时代实现共同富裕的一系列重大战略思想。习近平总书记在党的十九大报告中明确提出，到 2035 年“全体人民共同富裕迈出坚实步伐”，到 21 世纪中叶“全体人民共同富裕基本实现，我国人民将享有更加幸福安康的生活”。党的十九届五中全会对实现共同富裕提出了更为具体的目标要求，强调到 2035 年“人均国内生产总值达到中等发达国家水平，中等收入群体显著扩大，基本公共服务实现均等化，城乡区域发展差距和居民生活水平差距显著缩小”，“人的全面发展、全体人民共同富裕取得更为明显的实质性进展”。促进全体人民共同富裕是一项长期任务，但随着我国全面建成小康社会、开启全面建设社会主义现代化国家新征程，我们必须把促进全体人民共同富裕摆在更加重要的位置，脚踏实地，久久为功，向着这个目标更加积极有为地进行努力。2021 年 8 月，习近平总书记在中央财经委员会第十次会议上对实现共同富裕进行了新的规划部署，强调“共同富裕是社会主义的本质要求，是中国式现代化的重要特征，要坚持以人民为中心的发展思想，在高质量发展中促进共同富裕”。党的十九届六中全会审议通过的《中共中央关于党的百年奋斗重大成就和历史经验的决议》，把“逐步实现全体人民共同富裕”作为中国特色社会主义新时代的重要特征之一，把“明确新时代我国社会主要矛盾是人民日益增长的美好生活需要和不平衡不充分的发展之间的矛盾，必须坚持以人民为中心的发展思想，发展全过程人民民主，推动人的全面发展、全体人民共同富裕取得更为明显的实质性进展”作为习近平新时代中国特色社会主义思想的重要内容，强调党只要“坚定不移走全体人民共同富裕道路，就一定能够领导人民夺取新时代中国特色社会主义新的更大胜利”。在 2022 年世界经济论坛视频会议的演讲中，习近平总书记强调，中国要实现共同富裕，但不是搞平均主义，而是要先把“蛋糕”做大，然后通过合理的制度安排把“蛋糕”分好，水涨船高、各得其所，让发展成果更多更公平惠及全体人民。党的二十大报告提出了“以中国式现代化全面推进中华民族伟大复兴”的使命任务，强调中国式现代化是“全体人民共同富裕的现代化”。

回首百年，党在领导人民进行革命、建设和改革的过程中，始终围绕实现中华民族伟大复兴主题，从理论和实践两方面对实现共同富裕问题进行了一以贯之的持续探索，成功走出了一条具有鲜明中国特色的实现共同富裕之路。那么，如何在新时代深入理解“中国式现代化是全体人民共同富裕的现代化”？

第一，实现全体人民共同富裕彰显着中国共产党人的初心和使命。中国共产党自成立之初，就肩负起为中国人民谋幸福、为中华民族谋复兴的初心使命，并把促进全体人民共同富裕作为为人民谋幸福的着力点。历经百年奋斗，中国共产党带领全国各族人民取得了全面建成小康社会的伟大胜利，历史性地解决了困扰中华民族几千年的绝对贫困问题，创造了经济快速发展和社会长期稳定“两大奇迹”。中国特色社会主义进入新时代，推动共同富裕历史性地站到了新的起点上。以习近平同志为核心的党中央高瞻远瞩，对实现第二个百年奋斗目标作出了“两步走”的战略安排：到2035年，全体人民共同富裕迈出坚实步伐；到21世纪中叶，全体人民共同富裕基本实现。

进入全面建设社会主义现代化国家新征程，党的二十大报告明确了到2035年我国发展的总体目标，其中之一就是“人的全面发展、全体人民共同富裕取得更为明显的实质性进展”。一系列决策部署，为扎实推动共同富裕指明了方向、提供了遵循。在新征程中，我们要始终坚持以人民为中心，在发展中更加注重保障和改善民生，补齐民生短板，增进民生福祉，让各族人民实实在在感受到推进共同富裕在行动、在身边，扎实推动共同富裕取得切实进展。

第二,实现全体人民共同富裕承载着全体中国人民对于美好生活的向往。生产资料私有制特别是资本与劳动的对立，决定了西方资本主义的现代化只能通过剥削、压迫本国以及外国人民的手段达到最大限度榨取剩余价值的目的。中国式现代化与西方现代化的重要区别就在于我们所强调的是所有人共富，且共富立足于共同权利、生成于共同发展、实现于共同享用。也就是说共同富裕意味着全体人民的共同权利覆盖国家的基本政治制度，共同劳动、共同占有、共同享用、共同处置机制覆盖了国家基本经济制度、基本社会制度、基本文化制度和生态文明制度。

可以说，实现共同富裕承载着全体中国人民对于美好生活的向往，人民对美好生活的向往就是党的奋斗目标，让老百姓过上好日子是党一切工作的出发点和落脚点，新征程上我们必须不断推进共同富裕，实现全体人民精神和物质上的共同富裕，满足人民对美好生活的向往。

第三，实现全体人民共同富裕是中国特色社会主义的本质要求。消除贫困、改善民生、实现共同富裕，是社会主义的本质要求。因此，我们既要不断解放和发展社会生产力，不断创造和积累社会财富，又要防止两极分化，切实推动人的全面发展、全体人民共同富裕取得更为明显的实质性进展。我们追求的发展是造福人民的发展，我们追求的富裕是全体人民共同富裕，要让所有人都有机会凭自己的能力参与现代化进程，凭自己的贡献分享国家发展的成果。中国式现代化打破了西方现代化下财富向少数人集中的“宿命”，为解决财富鸿沟、中等收入陷阱等问题提供了智慧方案。

第四，实现全体人民共同富裕丰富了人类现代化的内涵。我们党在带领人民创造美好生活、逐步实现全体人民共同富裕的实践中，不断深化对促进共同富裕规律的认识，共同富裕思想不断发展，内涵也越来越丰富。把共同富裕作为中国式现代化的重要特征和重要目标，表明我们党对共同富裕的认识达到了新的理论高度，深刻反映了我们党对社会主义现代化建设规律的深邃认识和准确把握，开拓了马克思主义中国化新境界，是中国共产党人对科学社会主义的重大贡献。纵观 500 多年社会主义发展史，还没有哪个社会主义国家成功实现共同富裕。作为世界上最大的社会主义国家，全面建成小康社会彰显了社会主义的强大生机活力，宣告了“历史终结论”的破产；逐步实现全体人民共同富裕，将进一步增强人们对社会主义的信心，也将为其他社会主义国家发展提供借鉴和示范，对社会主义制度在全世界的创新发展作出重大贡献。

诚然，实现共同富裕是伴随我国现代化进程的一项艰巨而长期的任务。我国有 14 亿多人口，实现如此巨大的人口体量的共同富裕，在世界发展史上是前所未有的。加之我国仍处于社会主义初级阶段，各地区推动共同富裕的基础和条件不尽相同，我们对实现共同富裕的长期性、艰巨性、复杂性要有充分估计。

发展是解决中国所有问题的关键。一方面，从全面推进乡村振兴、确保农民稳步增收，到推动区域协调发展、缩小收入差距，再到壮大实体经济、创造更多就业岗位，只有紧紧抓住经济建设这个中心，在高质量发展中促进共同富裕，才能让一切创造社会财富的源泉充分涌流，为分配提供更充足的物质基础。另一方面，“富裕”体现效率，“共同”体现公平，推进中国式现代化需要正确处理效率与公平的关系。党的二十大报告就构建初次分配、再分配、第三次分配协调配套的制度体系，加大税收、社会保障、转移支付等的调节力度，加强困难群体就业兜底帮扶等作出详细部署，有助于更好解决发展不平衡不充分的问题，让全体人民共享发展成果，让社会主义制度的优越性得到更充分体现。

幸福生活都是奋斗出来的，共同富裕要靠勤劳智慧来创造。亿万人民积极投身中国式现代化的伟大实践，以实干创实绩、以奋斗促富裕，到“十四五”末全体人民共同富裕迈出坚实步伐、到2035年全体人民共同富裕取得更为明显的实质性进展、到本世纪中叶全体人民共同富裕基本实现的目标一定能如期完成。

14

如何理解中国式现代化是物质文明和精神文明相协调的现代化?

物质文明和精神文明，是人类认识世界、改造世界全部成果的总括和结晶。中国式现代化的目标是促进物的全面丰富和人的全面发展。要想全面准确理解习近平总书记在党的二十大报告中指出的“中国式现代化是物质文明和精神文明相协调的现代化”的深刻内涵，就要着重理解“物质文明和精神文明相协调”这一对关键词。

何谓“相协调”？对此，习近平总书记深刻指出：当高楼大厦在我国大地上遍地林立时，中华民族精神的大厦也应该巍然耸立。

中国式现代化与西方那种以资本为中心、两极分化、物质主义膨胀、对外扩张掠夺的现代化有着本质区别。早在改革开放之初，我们党就创造性地确定了物质文明和精神文明“两手抓、两手都要硬”的战略方针。此后，在推进现代化建设中，我们不仅强调要解放和发展社会生产力、促进经济持续快速增长，而且认为精神文明是中国特色社会主义的题中应有之义。我们认为那种离开精神文明进步的单一物质文明发展，不是真正的社会主义现代化，不符合社会全面进步的要求。

这一点特别体现在党的十八大以来，以习近平同志为核心的党中央确立和坚持马克思主义在意识形态领域指导地位的根本制度，文化事业日益繁荣，意识形态领域形势发生全局性、根本性转变，人民文化自信明显增强、精神面貌更加奋发昂扬。

“两个文明”协调发展是中国式现代化的根本精神要求，其基本特征主要为以下五个方面。

第一，“两个文明”协调发展，是推进中国式现代化的主动选择。历史上不乏这样的国家和民族：其物质文明越发达，精神文化越昏扰，看似坚不可摧的物质成就却因精神领域的溃败和冲击而崩塌、湮灭；反向的例子亦有，其灿烂文化“征服”了野蛮的入侵者，自身却因国力衰微依然难逃山河破碎的厄运。一个民族的复兴既需要强大的物质力量，也需要强大的精神力量。没有先进文化的积极引领，没有人民精神世界的极大丰富，没有民族精神力量的不断增强，一个国家、一个民族不可能屹立于世界民族之林。历史和现实表明，物质文明和精神文明相协调不可能自然而然地实现，生产力不断解放的同时，社会发展也经常面对低级趣味的污染、消极观念的蚕食、价值观的分歧冲突以及质疑理性、否定道德等的冲击。但是，也要看到，物质文明和精神文明相协调绝非不可企及，关键在于一个政党、一个国家、一个民族的深刻体悟和主动选择。我们党始终高度重视物质文明和精神文明协调发展，强调“只有物质文明建设和精神文明建设都搞好，国家物质力量和精神力量都增强，全国各族人民物质生活和精神生活都改善，中国特色社会主义事业才能顺利向前推进。”

第二，“两个文明”协调发展源自中国式现代化的社会主义性质。我们推进的现代化，是中国共产党领导的社会主义现代化。物质贫困不是社会主义，精神贫乏也不是社会主义。我们追求人的全面发展，坚持以人民为中心的发展思想，将人的现代化作为社会整体现代化的核心内容，也就必然要让人民既享有美好物质生活，也享有美好精神生活；我们追求社会全面进步，不是某个领域、某个方面的“单兵突进”，而是各个领域、各个方面的协调发展，是物质文明、政治文明、精神文明、社会文明、生态文明的全面提升，也就必然要把物质文明建设和精神文明建设都搞好，实现国家物质力量和精神力量都增强。既然那种离开精神文明进步的单一物质文明发展，不是真正的社会主义现代化，也不符合社会全面进步的要求，在推进现代化建设过程中，我们就必须把物质文明和精神文明相协调的重大原则要求贯穿始终。

第三，“两个文明”协调发展，源自执政党对中国具体实际的深刻总结。鸦片战争之后，错失工业革命机遇的中国从所谓“天朝上国”沦为列强的俎上鱼肉，这使中国人对自身文化进行了艰难反省，民族文化、社会伦理甚至语言文字都受到了深刻检讨，“落后就要挨打”的教训使中国人对物质领域追赶世界步伐的渴望极为强烈。同时，精神领域的“警钟”也声声入耳。一些西方国家无法遏制资本贪婪的本性，日益暴露出物质主义膨胀、精神贫乏等痼疾。20 世纪 80 年代，我们看到中国改革开放迸发出的惊人活力，但也意识到“窗子打开的时候，进来的不只是新鲜的空气，也会有苍蝇和蚊子”，容易出现信仰动摇、精神空虚、价值观迷失等问题。警惕以牺牲精神文明为代价换取经济的一时发展、警惕伴随经济增长可能出现的道德衰败以及精神污染，成为我们党团结带领人民既以经济建设为中心，又坚持“两手抓、两手都要硬”的一条重要经验。

第四，“两个文明”协调发展，源自中华民族五千年未曾中断过的灿烂文明。中国人民创造了源远流长、博大精深的优秀传统文化，中华民族先贤向往人们物质生活充实无忧、道德境界充分升华的大同世界。这一文化基因深刻影响着当代中国发展进步，深刻影响着当代中国人的精神世界，决定着中国的现代化进程必然是“物质文明和精神文明比翼双飞”。

第五，“两个文明”协调发展源自对百年变局竞争大势的深刻洞察。从 20 世纪末开始，美国的文化产业就已超过航空、重工业成为其最大的出口产业，这是西方国家有意识推动文化外拓的典型案例。从文化的实践功能来看，文化是“软实力”，是一个国家综合国力竞争的重要因素。现在国际社会间的竞争已不仅仅是经济实力的竞争，在和平发展背景下更不直接表现为军事的竞争，而是体现为文化的竞争。特别是百年变局与世纪疫情叠加，对社会治理、生产组织、利益分配、政治格局、创新方向乃至思想理论都产生了极为深远的影响。在这样一个被学者们称作“文化热战”的时代，价值观、文化等软实力的展现，与经济发展硬实力的提升居于同等重要的地位，中国应该也必须成为文化与价值竞争中有分量的参与者。

面对新形势新任务，习近平总书记指出，要以辩证的、全面的、平衡的观点正确处理物质文明和精神文明的关系，只有物质文明建设和精神文明建设都搞好，国家物质力量和精神力量都增强，全国各族人民物质生活和精神生活都改善，中国特色社会主义事业才能顺利向前推进。我们在推进现代化建设过程中，必须把物质文明和精神文明相协调的重大原则要求贯穿始终。

从当前形势来看，今日之中国正处于实现中华民族伟大复兴关键时期，国家强盛、民族复兴既需要物质文明的积累，也需要精神文明的升华。一方面，我们要立足新发展阶段，贯彻新发展理念，构建新发展格局，推动高质量发展，为全面建设社会主义现代化国家提供坚实的物质支撑。另一方面，我们也要切实抓好精神文明建设各项任务，不断满足人民群众日益增长的精神文化需求，继续铸就中华文化新辉煌。

从发展前景来看，到 21 世纪中叶，我国将成为综合国力和国际影响力领先的社会主义现代化强国。这对物质文明建设提出了更高目标，我们必须不断厚植现代化的物质基础，牢牢扭住高质量发展这一全面建设社会主义现代化国家的首要任务，完整、准确、全面贯彻新发展理念，构建高水平社会主义市场经济体制，建设现代化产业体系，坚持把发展经济的着力点放在实体经济上，推进新型工业化，全面推进乡村振兴，深入实施区域协调发展战略、区域重大战略、主体功能区战略、新型城镇化战略，推进高水平对外开放，加快构建以国内大循环为主体、国内国际双循环相互促进的新发展格局，坚持教育优先发展、科技自立自强、人才引领驱动，开辟发展新领域新赛道，不断塑造发展新动能新优势。同时，社会主义精神文明也是社会主义社会的重要特征，是社会主义现代化建设的重要目标和重要保证，决定着我们建设什么样的国家和社会、培育什么样的公民。全面建设社会主义现代化国家，比以往任何时候都更加需要思想的引领、文化的滋养、精神的支撑。我们必须更加坚定、更加自觉地推动社会主义精神文明建设，推进文化自信自强，大力发展社会主义先进文化，传承中华文明，更好构筑中国精神、中国价值、中国力量。坚持用习近平新时代中国特色社会主义思想武装全党、教育人民，进一步巩固马克思主义在意识形态领域的指导地位，巩固全党全国各族人民团结奋斗的共同思想基础。广泛践行社会主义核心价值观，加强爱国主义、集体主义、社会主义教育，提高全社会文明程度，提高人民道德水准和文明素养，培育时代新风新貌。繁荣发展文化事业和文化产业，坚持以人民为中心的创作导向，推出更多增强人民精神力量的优秀作品，激发全民族文化创新创造活力，实现中华优秀传统文化创造性转化、创新性发展。坚守中华文化立场，深化文明交流互鉴，增强中华文明传播力影响力。

习近平总书记深刻指出："实现中国梦，是物质文明和精神文明比翼双飞的发展过程。"新征程上，我们要坚持不断厚植现代化的物质基础，着力保持经济平稳健康发展，夯实人民幸福生活的物质条件，同时大力发展社会主义先进文化，繁荣发展文化事业和文化产业，促进物的全面丰富和人的全面发展。随着物质财富的积累、中华文化的弘扬、价值体系的塑造，中国式现代化必将具有更加强大的说服力和感召力，中国式现代化道路必将越走越宽广，中华民族必将以更加昂扬的姿态屹立于世界民族之林！

15

如何理解中国式现代化是人与自然和谐共生的现代化？

习近平总书记在党的二十大报告中指出：“中国式现代化是人与自然和谐共生的现代化。”准确把握这一精辟论断的科学内涵，对全面建设社会主义现代化国家至关重要。

如何理解中国式现代化是人与自然和谐共生的现代化？可以从以下几个角度来把握。

第一，人与自然的关系是人类社会最基本的关系。人与自然是生命共同体，无止境地向自然索取甚至破坏自然必然会遭到大自然的报复。人类自诞生起就与自然紧密联系在一起，现代化使这一联系千百倍地拓展和深化。西方现代化模式下，资本对利润无止境追逐，导致对自然无节制索取，在创造了极为丰裕物质财富的同时，也带来了难以想象的环境创伤。20 世纪 30 年代至 60 年代发生的“世界八大公害事件”，以极其惨烈的代价给人类敲响了警钟。

第二，人口规模巨大和现代化的后发性，决定了我国实现现代化将面临更强的资源环境约束。我国资源总量丰富，但人均资源占有量远低于世界平均水平。我国人均耕地面积不足世界平均水平的1/2，宜居程度较高的土地面积只占我国陆地国土面积的19%；人均淡水资源量仅为世界平均水平的1/4，且时空分布极不平衡；油气、铁、铜等大宗矿产人均储量远低于世界平均水平，对外依存度高；人均森林面积仅为世界平均水平的1/5，近一半木材依赖进口。人口众多、资源相对不足、环境承载力较弱的基本国情，决定了中国式现代化必须摒弃西方国家大量消耗资源能源、肆意破坏生态环境的现代化老路，努力走人与自然和谐共生的现代化新路，否则我国的资源环境压力将难以承受。

第三，“中国式现代化是人与自然和谐共生的现代化”进一步丰富和拓展中国式现代化内涵与外延。习近平总书记指出：“我们要建设的现代化是人与自然和谐共生的现代化，既要创造更多物质财富和精神财富以满足人民日益增长的美好生活需要，也要提供更多优质生态产品以满足人民日益增长的优美生态环境需要。”“生态环境保护和经济发展是辩证统一、相辅相成的，建设生态文明、推动绿色低碳循环发展，不仅可以满足人民日益增长的优美生态环境需要，而且可以推动实现更高质量、更有效率、更加公平、更可持续、更为安全的发展，走出一条生产发展、生活富裕、生态良好的文明发展道路。”这从理论和实践层面阐明了人与自然和谐共生的关系，进一步丰富和拓展了中国式现代化的内涵与外延，为同步推进物质文明建设和生态文明建设、促进人与自然和谐共生的现代化，指明了方向，提供了遵循。

第四，“中国式现代化是人与自然和谐共生的现代化”是全面建设社会主义现代化国家的内在要求。党的十八大以来，以习近平同志为核心的党中央把生态文明建设摆在全局工作的突出位置，作出一系列重大战略部署，把生态文明建设纳入“五位一体”总体布局，把坚持人与自然和谐共生纳入新时代坚持和发展中国特色社会主义的基本方略，把绿色发展纳入新发展理念，把污染防治攻坚战纳入三大攻坚战，把美丽中国纳入建成社会主义现代化强国的战略目标，全党全国推动生态文明建设的自觉性和主动性显著增强，我国生态环境保护发生历史性、转折性、全局性变化。但我国生态环境保护任务依然艰巨，推进美丽中国建设还需要付出长期艰苦努力。正如习近平总书记指出："我国生态文明建设仍然面临诸多矛盾和挑战，生态环境稳中向好的基础还不稳固，从量变到质变的拐点还没有到来，生态环境质量同人民群众对美好生活的期盼相比，同建设美丽中国的目标相比，同构建新发展格局、推动高质量发展、全面建设社会主义现代化国家的要求相比，都还有较大差距。"

第五，中国式现代化将人和自然的关系凝练为有机的生命体，突出了人的创造性和主动性。早在 2013 年，习近平总书记就提出了生命共同体的重要论断，提出"山水林田湖是一个生命共同体"，突出了生态保护和环境治理的系统性和整体性，要求对生态要素的保护和修复不能根据对象条块分割，在环境治理和生态保护中要统筹全局，注重全面性和协同性。在十九大报告中，习近平总书记提出"人与自然是生命共同体，人类必须尊重自然、顺应自然、保护自然"，强调了人作为有机生命体的组成部分，其发展与自然的发展是不可分割的，必须考虑人类活动对自然造成的影响以及自然环境变化对人类的长期作用。在 2021 年的联合国领导人气候峰会上，习近平总书记提出共同构建"地球生命共同体"，体现出生态环境治理的宏观视野。从人类存在的视角看，全球各国人民是休戚相关的利益共同体，生态安全是全人类可持续发展的前提条件，保障全球生态安全也是人类种族延续的需要，因此共创清洁美丽世界需要全球人民共同努力。从山水林田湖的生命共同体到人与自然的生命共同体和地球生命共同体，生命共同体的认识发展为人与自然和谐共生的中国式现代化道路的持续探索提供了理念先导。

党的十八大以来，以习近平同志为核心的党中央以前所未有的力度抓生态文明建设，全党全国推动绿色发展的自觉性和主动性显著增强，美丽中国建设迈出重大步伐，生态环境保护发生了历史性、转折性、全局性变化，创造了举世瞩目的生态奇迹和绿色发展奇迹。这为新征程推进生态文明建设、实现美丽中国目标奠定了坚实基础、积累了宝贵经验、增强了必胜信心。党的二十大报告又从“加快发展方式绿色转型”“深入推进环境污染防治”“提升生态系统多样性、稳定性、持续性”“积极稳妥推进碳达峰碳中和”等方面作出具体部署，为我们继续推动绿色发展指明了方向、提供了遵循。

我们必须深刻认识到：人与自然和谐共生的中国式现代化以马克思主义生态思想为理论依据，是追求生态环境保护和经济发展双赢的道路。如何实现人与自然和谐共生是人类文明发展的基本问题，也是我国面临的重大时代课题之一。在人类走向工业化、现代化的进程中，西方发达国家普遍走的是一条“先污染后治理”的道路，在创造巨大物质财富的同时，也加速了对自然资源的攫取，人与自然深层次矛盾日益显现。2012 年党的十八大后首次出京考察，习近平总书记深刻指出：“我们建设现代化国家，走美欧老路是走不通的”“走老路，去消耗资源，去污染环境，难以为继”。十年来，我们坚决抛弃轻视自然、支配自然、破坏自然的现代化模式，坚持可持续发展，坚定不移走生产发展、生活富裕、生态良好的文明发展道路，有力推动了人与自然和谐共生的现代化建设。今天，当云南大象北上南归吸引全世界的目光，当绿色冬奥成为美好的时代记忆，当奔腾不息的长江黄河奏响新的生态乐章，以绿色为底色的中国式现代化，树立起人类现代化新的文明标杆。

我们必须深刻认识到：我国进行现代化建设，注重同步推进物质文明建设和生态文明建设，只有高楼大厦、没有绿水青山的现代化不是真正的现代化。同时，人与自然和谐共生，不是不发展、不作为，而是要走生态优先、绿色发展之路，实现高质量发展。江苏连云港周边海域生态环境持续改善，渔获丰富起来；黑龙江伊春全面停止天然林商业性采伐后，良好生态吸引越来越多游客前来观光；宁夏贺兰山砂石矿区整治修复后成为葡萄酒庄，产业转型带来丰厚回报……回望过去，一个个“人不负青山，青山定不负人”的故事，生动印证着绿水青山就是金山银山的科学理念，深刻昭示着生态保护和经济发展完全可以兼顾、实现共赢。推进中国式现代化，我们必须牢固树立和践行绿水青山就是金山银山的理念，站在人与自然和谐共生的高度谋划发展。

我们必须深刻认识到：建设人与自然和谐共生的现代化，必须处理好发展与保护的关系，加快发展方式绿色转型。坚持节约资源和保护环境的基本国策，把实现减污降碳协同增效作为促进经济社会发展全面绿色转型的总抓手，着力构建绿色低碳循环经济体系，推动产业结构、能源结构、交通运输结构等调整优化。坚决遏制高耗能、高排放项目盲目发展，着力提高绿色低碳产业在经济总量中的比重，健全资源环境要素市场化配置体系，加快节能降碳先进技术研发和推广应用，倡导绿色消费，推动形成绿色低碳的生产方式和生活方式。

我们必须深刻认识到：建设人与自然和谐共生的现代化，必须坚持节约资源和保护环境的基本国策，坚持节约优先、保护优先、自然恢复为主的方针，坚持山水林田湖草沙一体化保护和系统治理，统筹产业结构调整、污染治理、生态保护、应对气候变化，协同推进降碳、减污、扩绿、增长，形成节约资源和保护环境的空间格局、产业结构、生产方式、生活方式，促进生态环境持续改善，实现中华民族永续发展。

我们必须深刻认识到：建设人与自然和谐共生的现代化，必须坚持以人民为中心，深入推进环境污染防治。良好的生态环境是最普惠的民生福祉。

随着经济社会发展和人民生活水平不断提高，生态环境在群众生活幸福指数中的地位不断凸显，满足人民对优美生态环境的需要是中国式现代化建设的应有之义。要更加注重精准治污、科学治污、依法治污，深入打好蓝天、碧水、净土保卫战，加大中央生态环保督察反馈问题解决力度，着力解决突出生态环境问题，增强人民群众的获得感、幸福感和安全感。

我们必须深刻认识到：建设人与自然和谐共生的现代化，必须坚持系统观念，积极稳妥推进碳达峰碳中和。实现碳达峰碳中和是一场广泛而深刻的经济社会系统性变革。既要增强全国一盘棋意识，又要充分考虑区域资源分布和产业分工的客观现实，不搞齐步走、“一刀切”；既要立足当下，一步一个脚印解决具体问题，积小胜为大胜，又要放眼长远，把握好降碳的节奏和力度，循序渐进。把“双碳”工作纳入生态文明建设整体布局和经济社会发展全局，构建降碳、减污、扩绿、增长协同推进的制度安排和统筹协调机制。

我们必须深刻认识到：建设人与自然和谐共生的现代化，必须加快构建完善环境治理体系。习近平总书记在全国生态环境保护大会上指出：“要健全美丽中国建设保障体系。统筹各领域资源，汇聚各方面力量，打好法治、市场、科技、政策‘组合拳’。”中国推进生态文明建设的一个鲜明特色，就是注重发挥制度管根本、管长远的作用，强化制度执行。制度保障是美丽中国建设保障体系的重要组成部分，构建环境治理体系，促进全社会共同参与的顶层设计就是中国共产党推进生态文明建设的根本性、开创性和长远性的工作。我国区域发展和自然资源分布极不平衡，发达地区和欠发达地区的发展需求和治理能力区别很大，必须采取差异化的生态环境治理方式和治理手段。因此，要根据地区发展实际分配共同但有区别的环境治理责任。这就需要中央政府总体协调，统一部署，制定差异化的生态文明建设目标评价考核体系，在推动区域经济发展的同时促进全国生态环境治理发生全局性和历史性变化。目前，我国已经出台了中央环境保护督察制度、水、土壤和大气污染防治行动计划，应对气候变化规划等行动方案，现代化的社会主义环境治理体系正在逐步完善。但是，我国生态环境保护结构性、根源性、趋势性压力尚未根本缓解，尚需大力推进生态环境保护的制度建设，以更加完备高效的生态环境保护制度带来更高质量更高水平的生态文明。

中国现代化建设之所以伟大，就在于艰难，既不能走老路，又要达到发达国家的水平，这是一场大仗、硬仗、苦仗。每个人都是生态环境的受益者，也是保护者、建设者。当前，我国进入全面建设社会主义现代化国家、实现第二个百年奋斗目标的新发展阶段。面对新形势、新任务，我们更要坚持以习近平生态文明思想为指导，锚定目标、持续发力、久久为功，建设人与自然和谐共生的现代化。

16 如何理解中国式现代化是走和平发展道路的现代化？

回望历史，从15世纪开始，一些西方国家在全球航海探险，通过海外殖民和商业扩张，迅速积累了巨量财富。

马克思曾说："在欧洲以外直接靠掠夺、奴役和杀人越货而夺得的财宝源源流入宗主国，在这里转化为资本。"18世纪，欧洲出现了蒸汽机等重大发明，这成就了第一次工业革命，开启了人类社会现代化历程。现代化几乎与西方工业文明相伴而生，与资本主义全球扩张的进程相伴相随。

"资本自从来到世间，从头到脚，每个毛孔都滴着血和肮脏的东西。"据统计，自15世纪末开始，西方殖民者在300多年间，仅从中南美洲就抢走了250万公斤黄金、1亿公斤白银。英国的"圈地运动"、美国的"西进运动"以及罪恶的奴隶贸易等，都标注了西方资本主义现代化的"原罪"。西方国家现代化的历史，就是一部世界落后国家和民族被剥削、被压迫的血泪史，就是一部不断加剧财富分配失衡和制造社会两极分化的发展失衡历史。

在两个多世纪的时间里，西方发达国家经历了"串联式"的现代化过程，工业化、城镇化、农业现代化、信息化顺序发展。这种先行构建和主导的现代化发展体系、模式垄断了现代化的定义权和解释权，后发国家极易被动卷入由西方国家开启并主导的现代化进程，自主实现现代化的难度可想而知。很多发展中国家简单照搬和复制西方模式，不仅使得这些国家的政府和政党缺乏有效领导经济社会发展的能力，而且使得经济被外国资本控制、政权成为西方国家附庸、社会贫富分化加剧。

马克思批判西方现代化造就了异化的、单面的人，造成了社会的分裂：一极是财富的积累，一极是贫困的积累；一极是物质文明的发展，一极是信仰缺失、价值式微。

中国人民最希望看到的是和平稳定。

历史进程、文明基础和社会制度与西方国家有着本质的不同的社会主义中国，能否以一种和平的方式最终实现现代化？

答案是肯定的。中国实现的现代化，就是这样一种过程的和平，也将是一种结果的和平。即中国实现现代化将是一个和平发展的过程，而实现了现代化后的中国更将是维护世界和平的重要力量，必将给世界带来和平和美好。

走和平发展道路是根据中国人民根本利益作出的战略抉择。“中国人民要建设社会主义现代化强国，但我们坚持走和平发展道路，不会走扩张主义和殖民主义道路，更不会给世界造成混乱。”习近平总书记的话掷地有声。“我们坚定站在历史正确的一边，高举和平、发展、合作、共赢旗帜，在坚定维护世界和平与发展中谋求自身发展，又以自身发展更好维护世界和平与发展。”

与暴力掠夺殖民地、以其他国家落后为代价的一些老牌资本主义国家的现代化道路不同，中国的现代化是社会主义现代化，强调的是同世界各国互利共赢，推动构建人类命运共同体，努力为人类和平发展进步作出新的重要贡献。

新中国成立后，我们党大力倡导和平共处五项原则，这是新中国对外政策的重要基石。党的十一届三中全会后，我们党提出和平与发展是当今时代的主题，把争取一个较长时期的国际和平环境和良好的周边环境作为外交工作的目标和任务，为改革开放和社会主义现代化建设顺利开展奠定重要基础。进入 21 世纪，我们党明确提出走和平发展道路，在 2005 年发布《中国的和平发展道路》白皮书、在 2011 年发布《中国的和平发展》白皮书，将坚持和平发展道路写入党章。

在中国特色社会主义进入新时代的第一个 10 年里，我们全面推进中国特色大国外交，推动构建人类命运共同体，坚定维护国际公平正义，倡导践行真正的多边主义，旗帜鲜明反对一切霸权主义和强权政治，毫不动摇反对任何单边主义、保护主义、霸凌行径。我们推动构建新型国际关系，积极参与全球治理体系改革和建设，全面开展抗击新冠疫情国际合作，赢得广泛国际赞誉，我国国际影响力、感召力、塑造力显著提升。

在中国共产党坚强领导下，中国用几十年时间走完了发达国家几百年走过的工业化历程，创造了世所罕见的经济快速发展奇迹和社会长期稳定奇迹，成为维护世界和平稳定的中流砥柱和促进全球发展繁荣的中坚力量。习近平主席在多个场合指出，中国将始终做世界和平的建设者、全球发展的贡献者、国际秩序的维护者。此后，习近平总书记在党的二十大报告中再次强调："中国式现代化是走和平发展道路的现代化。"这个重要论断，从中国和世界关系的角度，深刻揭示了走和平发展道路是中国式现代化的重要内涵和重要特征。对此，可从以下几个方面来加深理解。

第一，从近代中国史来看，中国式现代化是走和平发展道路的现代化是我们从近代中国苦难遭遇中得出的必然结论。中华民族历来爱好和平，但从不屈服于外来侵略和压迫。面对西方列强的野蛮行径，中国人民救亡图存的斗争从未停息。1840 年鸦片战争后，中华民族遭受了前所未有的劫难，争取民族独立、人民解放，消除战争、实现和平，成为中国人民最迫切、最强烈的愿望。经过长期不懈奋斗，直到推翻三座大山、建立新中国，我们才拥有了建设自己国家、创造美好生活的和平环境。这一段被侵略、被奴役的历史记忆，让我们更加深刻懂得和平的珍贵，因而绝不会把自身曾遭遇的苦难强加于他人。中国共产党成立后，团结带领中国人民为争取民族独立、人民解放进行了艰苦卓绝的斗争，建立了新中国。中国人民深知和平的宝贵。新中国的成立为维护世界和平、促进共同发展开辟了光明前景，对世界历史进程产生了深远的影响。习近平总书记指出："一个民族最深沉的精神追求，一定要在其薪火相传的民族精神中来进行基因测序"，"中国人的血脉中没有称王称霸、穷兵黩武的基因"。经历了战乱频仍、山河破碎、民不聊生的深重苦难，中国人民深知和平的宝贵。走和平发展道路，是中国人民从近代以后苦难遭遇中得出的必然结论。

第二，从文化渊源来看，中国式现代化是走和平发展道路的现代化源于中华民族崇尚和平的文化基因。"和而不同"是中华文化的内在特质。中华民族自古讲究"和为贵"，遵奉"和合"理念，对和平、和睦、和谐的追求深深植根于中华民族的精神世界之中。中华文明以和为贵、兼济天下、海纳百川，重视互学互鉴、兼收并蓄，致力于实现国泰民安、睦邻友好、天下太平的美好愿景，具有宏阔的视野、开放的胸襟。历史上，中华民族对外战略基本上都采取守势，即使是国势最盛时期也是开放吸纳而非开疆拓土，目的是保境安民、以包容求强大。中国人民怕的就是动荡，求的就是稳定，盼的就是天下太平，正是这种持久的追求和深沉的期盼构成了中国通过走和平发展道路实现现代化的不竭动力。

第三，中国走和平发展道路是源于对实现中国发展目标条件的深刻认知。

国情决定道路取向。从新民主主义革命时期到社会主义革命和建设时期，从改革开放和社会主义现代化建设新时期到中国特色社会主义新时代，在探索中国式现代化、推进民族复兴的不同阶段，走和平发展道路、维护和平稳定的发展环境，始终是党领导人民完成不同时期历史任务，实现民族独立、国家富强、人民幸福的现实需要。特别是党的十八大以来，以习近平同志为核心的党中央统筹国内国际两个大局，积极推进中国特色大国外交，推动构建人类命运共同体，向世界展现了负责任大国形象，我国国际影响力、感召力、塑造力显著提升。同时，必须清醒看到，我国仍处于社会主义初级阶段的基本国情没有变，我国是世界上最大发展中国家的国际地位没有变，如期实现第二个百年奋斗目标、让有 14 亿多人口的中国整体迈入现代化行列，规模和难度都世所罕见，必须毫不动摇地长期奋斗、持续发展。因此，继续营造一个和平的外部环境，对实现中国的现代化目标至关重要。这就要求我们立足基本国情，保持战略定力，坚定不移走和平发展道路，努力营造和平稳定的国际环境。

第四，坚定不移走和平发展道路，是源于对世界发展大势的准确把握。一个国家要走向现代化，实现繁荣富强，必须主动顺应世界发展大势。曾经作为现代化先行者的“西方式现代化”，其本质是资本主义现代化，是通过战争、殖民、掠夺等方式实现现代化的老路，给广大发展中国家人民带来了深重苦难。这种损人利己、充满血腥罪恶的现代化老路，必须坚决摒弃。当前，世界百年未有之大变局加速演进，但和平、发展、合作、共赢仍是时代潮流，世界各国相互联系、相互依存的程度空前加深，建设持久和平、共同繁荣的世界，是各国人民的共同愿望。长期以来，我们坚持对话而不对抗、结伴而不结盟，走出了一条通过合作共赢实现共同发展、和平发展的现代化道路。这条中国式现代化新道路，打破了“国强必霸”的大国崛起传统模式，提供了实现现代化的全新选择、全新方案。

总起来说，坚定不移走和平发展道路，是中国共产党和中国人民从对历史、现实、未来的综合判断中得出的科学结论，是历史自信、道路自信和实践自觉的有机统一。新征程上，我们要坚定站在历史正确的一边、站在人类文明进步的一边，高举和平、发展、合作、共赢的旗帜，坚持弘扬全人类共同价值，同世界各国人民一道推动共建人类命运共同体，在坚定维护世界和平与发展中谋求自身发展，又以自身发展更好维护世界和平与发展，推动中国式现代化道路越走越宽广。

目前中国站在了现代化进程的新起点上。“十四五”规划中从九个方面勾画了 2035 年基本实现社会主义现代化图景，所依托的都是中国的内生动力和人民自强奋斗，没有一项计划是要对外进行扩张，更没有以其他国家和人民的利益为代价来实现自身利益和提升自己实力。

可以肯定地说，在未来 30 年，中国将通过和平发展，完全依靠自身努力来完成现代化的进程。

无论国际形势如何变化，无论自身如何发展，中国走和平发展道路的决心和信念永不动摇。中国的现代化，必将是既发展自身又造福世界的现代化，必将通过科学发展、自主发展、开放发展、和平发展、合作发展和共同发展实现中国综合国力的大幅跃升，成为维护世界和平的主要力量，为全人类的发展进步作出贡献。

17

如何理解要在推进中国式现代化的过程中同步推进法治现代化？

奉法者强，则国强；奉法者弱，则国弱。一个现代化国家必然是法治国家，一个现代化强国必然是法治强国。从历史来看，中国共产党之所以能够领导中国人民实现从站起来、富起来到强起来的历史性飞跃，其关键就在于总是能够根据革命、建设、改革所处的不同历史方位，不断完善和创新党的领导方式，强化党在新的历史条件下的领导能力。全面依法治国是党的十八大以来的重要理论和实践成果，是着眼于中国特色社会主义伟大事业的长远设计。通过建设社会主义法治体系，建设社会主义法治国家，既确保了党的政策主张更好、更系统地法律化为国家意志，也加强了国家治理体系的系统性、规范性、协调性和稳定性，从而有利于党更高效地实施对国家和社会的领导，履行执政兴国重任。

党的二十大报告指出，“全面依法治国是国家治理的一场深刻革命”。建设社会主义法治中国，是建设富强民主文明和谐的社会主义现代化国家的重要目标之一。纵观我国现代化的历史可知，国家法治的发展与国家现代化建设的过程息息相关。随着国家现代化的发展，我国的法治发展经历了由创设法制到健全法制再到弘扬法治的转变，逐步适应国家现代化的发展并保障国家现代化进程的持续推进。自新中国成立特别是改革开放以来，在探索中国特色社会主义道路的历史进程中，中国共产党不断深化对共产党执政规律、社会主义建设规律、人类社会发展规律的认识，团结带领全国各族人民，成功开辟了一条中国特色社会主义法治建设道路，有力促进了改革开放和社会主义法治中国建设。进入21世纪，中国的法治建设继续向前推进。2002年召开的中国共产党第十六次全国代表大会，将社会主义民主更加完善，社会主义法制更加完备，依法治国基本方略得到全面落实，作为全面建设小康社会的重要目标。2004年，将“国家尊重和保障人权”载入宪法。2007年召开的中国共产党第十七次全国代表大会，明确提出全面落实依法治国基本方略，加快建设社会主义法治国家，并对加强社会主义法治建设作出了全面部署。2021年1月，中共中央印发了《法治中国建设规划（2020－2025年）》，并发出通知，要求各地区各部门结合实际认真贯彻落实。

法治兴则国兴，法治强则国强，强国梦与法治梦是相通的，法治是国家强盛的条件，也是国家强盛的象征。2022年10月16日，习近平总书记在二十大报告中强调，坚持全面依法治国，推进法治中国建设。如何理解要在推进中国式现代化的过程中同步推进法治现代化？

一方面，法治现代化是中国式现代化的关键任务。国家法治的发展伴随着社会生产力的解放，从无到有、由低到高，是一个循序渐进的过程。新中国成立之初，全国各地百废待兴，国家现代化发展开始起步，国家法制也逐步开始建设并保障国家工业化的顺利推进。改革开放后，中国现代化高速推进，国家法制事业也快速地发展、完善并蜕变为国家法治事业进而更加全面地保障国家社会生活的和谐稳定。

当下中国正处在世界百年未有之大变局中，这是一个社会大变革的时代，全面建成现代化国家、实现中国式现代化是中华民族实现伟大复兴的必由之路。党中央深刻认识到社会主义法治的发展规律，始终坚持依法治国的战略部署，在全面依法治国、建设社会主义法治国家的实践中，创造性地提出了一系列具有原创性、标志性的新理念、新思想、新战略，形成了习近平法治思想。习近平法治思想运用马克思主义法治理论，科学地揭示了法治现代化中国道路的内在机理，系统地阐述了法治现代化的基本法理，构建了具有中国特色的法治现代化理论。

法治现代化与中国式现代化内在逻辑相通，实现法治现代化的基本思路在于：坚持党的领导、人民当家作主、依法治国有机统一；坚持走中国特色社会主义法治道路，建设中国特色社会主义法治体系；坚持全面贯彻落实依法治国基本方略。实现法治现代化应统筹依法治国、依法执政、依法行政共同推进，法治国家、法治政府、法治社会一体建设，科学立法、严格执法、公正司法、全民守法的总体布局。还应不断强化宪法的统领地位，完善以宪法为核心的中国特色社会主义法律体系，加强宪法实施和监督，加强和改进立法工作，深入推进科学立法、民主立法、依法立法，不断提高立法质量和效率，以高质量立法保障高质量发展、推动全面深化改革、维护社会大局稳定，在法治现代化进程中实现中国式现代化。

另一方面，法治现代化保障中国式现代化顺利实现。坚持全面依法治国，推进法治中国建设，必须更好发挥法治固根本、稳预期、利长远的保障作用。法治现代化不仅自身作为中国式现代化的重要组成部分，更是我国治理体系和治理能力现代化的重要助推和保障。

法治现代化有助于保障中国式现代化发展全过程人民民主，确保人民当家作主。全过程人民民主是社会主义民主政治的本质属性，是最广泛、最真实、最管用的民主。全过程人民民主需以制度化、法律化的方式实现。我国

《宪法》以根本法的形式规定，我国实行社会主义制度，国家的一切权力属于人民，将人民代表大会制度作为我国的根本政治制度，确认了全过程人民民主的正当性地位和实现路径。全过程人民民主需要在法治的框架内实现，党的十三届三中全会深刻总结和反思历史的经验教训，明确指出要以社会主义法制规范民主活动、防范民主失序。这充分反映出法治现代化在中国式现代化实现过程中保障人民民主的重要作用。

法治现代化是推进国家安全体系和能力现代化、维护国家安全和社会稳定的重要路径。国家安全是民族复兴的根基，社会稳定是国家强盛的前提。健全国家安全体系要统筹发展国家安全法治体系、战略体系、政策体系、风险监测预警体系和国家应急管理体系。2015 年 7 月 1 日颁布实施的《中华人民共和国国家安全法》构成了国家安全法治体系的基础，它以法律的形式保护着国家政权、主权、统一和领土完整，维护人民福祉，促进经济社会可持续发展。在国际形势风云突变的当下，网络、太空、深海、生物、人工智能等诸多领域的国家安全都亟需国家法治体系的现代化发展。法治现代化是开创国防和军队现代化新局面的题中之义——把人民军队建成世界一流军队，是全面建设社会主义现代化国家的战略要求，政治建军、改革强军、科技强军、人才强军、依法治军是新时代国防和军队现代化建设的必由之路。习近平总书记在出席十三届全国人大五次会议解放军和武警部队代表团全体会议时强调，依法治军是党建军、治军的基本方式。一支现代化的军队必然是法治军队，国防和军队现代化必将使军队组织结构、专业分工日益复杂、精细，科技化、信息化的加强则对作战要素高度联动、兵力行动高度协调提出了新的要求，要使这个复杂的有机整体运转自如、满足现代化作战需求，就必须以规范化、精细化的法治为依托。

法治现代化是坚决完善“一国两制”、推进祖国统一的制度保障。“一国两制”是中国特色社会主义的伟大创举，是香港、澳门回归后保持长期繁荣稳定的最佳制度安排，实现祖国统一大业必须坚定不移地贯彻“一国两制”方针，坚持依法治港治澳。我国《宪法》作为国家根本法，确立了特别行政区的宪制秩序，是特别行政区制度的法律渊源。特别行政区的基本法是依据《宪法》制定的，以宪法和法治精神为指导。特别行政区基本法实施的一个重要方式就是通过全国人大常委会的解释得到落实和完善，因此，“人大释法”也是全面、准确落实“一国两制”方针和特别行政区基本法的应有之义。实现中华民族伟大复兴、推动祖国和平统一离不开“一国两制”，离不开现代化的法治体系建设。

党的二十大报告指出，“中国共产党的中心任务就是团结带领全国各族人民全面建成社会主义现代化强国、实现第二个百年奋斗目标，以中国式现代化全面推进中华民族伟大复兴。”随着党对依法治国理念的认识与实践不断深化，党在带领全国各族人民把握中心任务的同时，从根本上实现了从“无法可依”到“有法可依”，再从“法制”到“法治”的两个历史性转变与进步。面向未来，全面依法治国是中国式现代化国家治理的重要依托，树立中国式现代化的正确法治观，关系党执政兴国、人民幸福安康、党和国家长治久安。中国式现代化的法治内涵丰富，包含如下三个维度。

以习近平法治思想为行动指南，推进更高水平法治中国建设。党的十八大以来，法治中国建设领域在习近平法治思想的引领下成果斐然：中国特色社会主义法治理论实现新飞跃，中国特色社会主义法治体系建设实现新跨越，加快建设法治政府进入新阶段，司法改革和公正司法书写新篇章，全民守法和法治社会建设迈出新步伐。2020 年 11 月 16 日至 17 日召开的中央全面依法治国工作会议，首次提出习近平法治思想。习近平法治思想作为顺应实现中华民族伟大复兴时代要求的重大理论创新成果应运而生，对我国社会主义法治建设的实践经验进行了全面总结、对新时代全面依法治国面临的现实问题进行了全方位回应，既是全面依法治国的根本遵循和行动指南，也是中国式现代化进程的法治向导。党的二十大报告提出“推进法治中国建设”。坚持以习近平法治思想为引领，努力建设更高水平的法治中国，继续开创法治中国建设新局面，不断为中国式现代化注入新的法治内涵。

以国家治理体系和治理能力现代化为目标，推进全面推进依法治国。党的二十大报告提出“在法治轨道上全面建设社会主义现代化国家。”法治作为人类现代文明的重要标识，是维护社会稳定、守护公平正义、保障人民安居乐业的现代化基石。法治也扮演着规范、引领和保障国家治理的“轨道”角色，是现代化国家治理的“标配”。国家治理体系和治理能力现代化是中国式现代化的内在要求。在法治轨道上推进国家治理体系和治理能力现代化，是全面依法治国的重要内容，也是深化改革、推动发展、化解矛盾、维护稳定、应对风险，不断开辟“中国之治”新境界的重要一环。

以构建法治体系为支撑，为中国式现代化特征叙述提供规范表达。党的二十大报告指出，“中国式现代化，是中国共产党领导的社会主义现代化，既有各国现代化的共同特征，更有基于自己国情的中国特色。”站在中国式现代化法治观的立场上，打破资本主义式现代化的路径依赖，将人口规模巨大、全体人民共同富裕的现代化、物质文明和精神文明、人与自然和谐共生及走和平发展道路的中国国情纳入中国式现代化的重要特征，无疑是对法治中国建设提出了更高、更明确的要求。法律的原创或移植均不能脱离我国国情，特别是“域外经验”的借鉴应当围绕中国式现代化的五大重要特征有所扬弃。

习近平总书记曾经指出：“共产党就是为人民谋幸福的，人民群众什么方面感觉不幸福、不快乐、不满意，我们就在哪方面下功夫，千方百计为群众排忧解难。”新征程上，只要我们始终以习近平法治思想为引领，全面提升对于全面依法治国重要性的认识，深刻把握全面建设社会主义现代化国家的中国特色，就一定能发挥法治固根本、稳预期、利长远的保障作用，为深入推进中国式现代化贡献法治力量。

18

如何理解推进国防和军队现代化是推进中国式现代化的重要任务？

强国必须强军，军强才能国安。

没有一个人民的军队，便没有人民的一切。国防和军队建设是国家安全的坚强后盾，没有一支强大的军队，没有一个巩固的国防，中国梦就难以实现，和平发展就没有保障。

党的十八大以来，以习近平同志为核心的党中央对坚持走中国特色强军之路、全面推进国防和军队现代化多次作出重要战略部署。在庆祝中国共产党成立 100 周年大会上，中共中央总书记、国家主席、中央军委主席习近平强调“以史为鉴、开创未来，必须加快国防和军队现代化”，为把人民军队建设成为世界一流军队指明了前进方向、提供了根本遵循。习近平总书记在党的二十大报告中指出：如期实现建军一百年奋斗目标，加快把人民军队建成世界一流军队，是全面建设社会主义现代化国家的战略要求。

那么，如何理解推进国防和军队现代化是推进中国式现代化的重要任务？

第一，推进国防和军队现代化是同国家现代化进程相适应的内在要求。

“凡益之道，与时偕行”。国防实力要同国家实力相匹配，经济社会发展到哪一步，国防建设就要推进到哪一步。坚持和发展中国特色社会主义，实现中华民族伟大复兴，必须统筹发展和安全、富国和强军，确保国防和军队现代化进程同国家现代化进程相适应，军事能力同国家战略需求相适应。历史一再表明，军事上的落后一旦形成，对国家安全的影响将是致命的。新中国成立以来，我们党高度重视国防和军队现代化建设，维护了国家的独立、自主、安全、尊严。安不可以忘危，治不可以忘乱。党的十八大以来，以习近平同志为核心的党中央对坚持走中国特色强军之路、全面推进国防和军队现代化多次作出重要战略部署，引领全军开创了强军事业新局面。在全面建设社会主义现代化国家、实现第二个百年奋斗目标新的征程上，必须把国防和军队建设摆在更加重要的位置，加快建设巩固国防和强大军队。

第二，推进国防和军队现代化，是赢得国际军事竞争主动的紧迫需要。当今世界，国际军事竞争日趋激烈，新一轮科技革命和军事革命迅猛发展，人工智能、量子通信、大数据、云计算、物联网等前沿科技加速应用于军事领域，武器装备远程精确化、智能化、隐身化、无人化趋势更加明显，战争形态加速向信息化战争演变，智能化战争初现端倪。现代战争早就不是冷兵器时代兵对兵、将对将的捉对厮杀。以“信息主导、体系支撑、精兵作战、联合制胜”为主要特征，基于网络信息体系的一体化联合作战成为基本作战样式，无人自主作战和人机协同作战也已呈现在世人面前。2011年5月1日，美国总统奥巴马召开发布会向全球宣布：美国追寻10年的恐怖分子，被誉为“全球头号通缉犯”的本·拉登，在巴基斯坦境内被美国海豹部队击杀。这次行动是一个基于信息网络的庞大军事体系。情报系统跟踪研判了七八年，展开行动那天，调动了当时最为机密的低噪隐身版黑鹰直升机、多架“支奴干”大型直升机直接参与，还有在海上的“卡尔·文森”号航空母舰，太空多颗卫星，天上的大型无人机以及两个美国驻中东军事基地作为此次军事行动的保障支援，参战人员达7000多人。面对新军事革命的迅猛发展，世界各主要国家纷纷调整安全战略、军事战略，调整军队组织形态，发展新型作战力量，抢占军事竞争战略制高点。我们只有加快国防和军队现代化步伐，才能在激烈的国际军事竞争中赢得主动。

第三，推进国防和军队现代化，是有效履行新时代我军使命任务的客观要求。随着国家日益发展壮大，我国安全的内涵外延、时空领域、内外因素发生深刻变化，安全需求的综合性、全域性、外向性特征更加突出，军队的使命任务不断拓展。进入新时代，党和人民赋予军队的使命任务是：为巩固中国共产党领导和我国社会主义制度提供战略支撑，为捍卫国家主权、统一、领土完整提供战略支撑，为拓展我国海外利益提供战略支撑，为促进世界和平与发展提供战略支撑。这“四个战略支撑”，每一个都对军队现代化水平提出了新要求。军队是维护国家政治安全特别是政权安全、制度安全的钢铁柱石，维护国家主权、安全、发展利益，实现祖国完全统一，坚决反对和遏制任何“台独”分裂行径，坚决打击“藏独”“东突”“港独”等一切形式的分裂活动，都必须加快推进国防和军队现代化。在意识形态领域斗争尖锐复杂的网络信息时代，必须有高度的现代化作战能力，才能担当起肩负的重任。随着我国全方位对外开放不断扩大，越来越多的企业、机构和人员走出国门，开展国际合作，我们的海外利益遍布全球。近年来，多次发生我国驻外机构和海外企业遭袭事件，海外安全保障成为我们必须解决的一大问题。只有不断增强我军在更广阔空间遂行多样化军事任务的能力，才能适应国家海外利益发展的安全保障需要。我军要适应国际体系变革、构建人类命运共同体的战略要求，积极履行同我国国际地位相称的责任和义务，为维护和平的国际环境和周边环境发挥更大作用。只有加快推进我军机械化信息化智能化融合发展，才能有效担当起党和人民赋予的神圣使命。

十多年来，以习近平同志为核心的党中央对坚持走中国特色强军之路、全面推进国防和军队现代化多次作出重要战略部署。党的第三个历史《决议》在党的十九大报告和“十四五”规划建议作出部署的基础上，再次提纲挈领地作了明确。总体要求是，全面贯彻习近平强军思想，贯彻新时代军事战略方针，坚持党对人民军队的绝对领导，坚持政治建军、改革强军、科技强军、人才强军、依法治军，加快机械化信息化智能化融合发展，全面加强练兵备战，提高捍卫国家主权、安全、发展利益的战略能力，把我军全面建成世界一流军队。

第一，要进一步把学习贯彻习近平强军思想引向深入。我党我军的历史证明，越是处在国家和民族的重大关头、越是处在建设和发展的关键时期，越要发挥科学理论的引领作用，凝聚起攻坚克难的强大精神力量。要坚持不懈用习近平新时代中国特色社会主义思想武装全军，进一步牢固确立习近平强军思想在国防和军队建设中的指导地位，坚定不移把习近平强军思想全面贯彻到国防和军队现代化各领域全过程，贯彻新时代军事战略方针，坚持党对人民军队的绝对领导，在中国特色强军之路上迈出新的更大步伐。

第二，要进一步推动国防和军队建设高质量发展。推动我军建设高质量发展，是与国防和军队现代化相伴相生的历史进程。当前，我军建设高质量发展已经在路上，最需要的就是坚定战略定力，聚焦矛盾问题，全面推进政治建军、改革强军、科技强军、人才强军、依法治军，加强创新突破，转变发展理念、创新发展模式、增强发展动能。加快形成战、建、备一体推进的良好局面，“坚持边斗争、边备战、边建设”，是今后一个时期我军的突出特点和指导原则，也是推动我军高质量发展、实现建军一百年奋斗目标的科学决策和战略举措，必须统筹提高战的能力、建的质量、备的水平。全面加强军事治理，巩固拓展国防和军队改革成果，完善军事力量结构编成，体系优化军事政策制度，坚定不移把国防和军队改革进行到底，提高军事系统运行效能和国防资源使用效益。加强战略谋划，创新思路举措，推动军事人员能力素质、结构布局、开发管理全面转型升级，加快壮大人才队伍。坚定实施国防和军队现代化新“三步走”战略。强调国防和军队现代化进程必须同国家现代化进程相适应，军事能力必须同实现中华民族伟大复兴的战略需求相适应。加快国防和军队现代化，实现富国和强军相统一。明确到 2027 年实现建军一百年奋斗目标；2035 年基本实现国防和军队现代化；21 世纪中叶全面建成世界一流军队。军队的现代化必须同国家现代化进程相一致，必须服从服务于党的历史使命，把握新时代国家安全战略需求，为实现中华民族伟大复兴提供坚强有力战略支撑。

第四，坚持新时代建军治军的布局方略。一是深入推进政治建军。最重要的是坚持党对人民军队的绝对领导，贯彻军委总书记负责制，保持人民军队性质宗旨。牢记全心全意为人民服务的根本宗旨，始终和人民同呼吸、共命运、心连心，任何时候任何情况下都做人民子弟兵，做到哪里有敌人，哪里有危难，哪里就有人民子弟兵英勇战斗。二是深入推进改革强军。党的十八大以来，党领导开展了新中国成立以来最为广泛、最为深刻的国防和军队改革，这轮改革迈出了构建中国特色军事力量体系的历史性步伐，人民军队体制一新、结构一新、格局一新、面貌一新，更加适应打赢现代战争的需要。三是深入推进科技强军。科学技术是核心战斗力，是军事发展中最活跃、最具革命性的因素。紧跟世界新军事革命发展趋势，加快武器装备升级换代和智能化发展，大幅提高军事训练科技含量，大力提高官兵科技素养和军事技能。四是深入推进人才强军。人才资源是强军兴军的宝贵战略资源。党的十八大以来，党中央和中央军委大力实施人才强军战略，坚持人才工作正确政治方向，聚焦备战打仗培养人才，加强军事人员现代化建设布局，深化军事人力资源政策制度改革，推动人才领域开放融合，我军人才工作取得历史性成就。五是深入推进依法治军。一支现代化军队必然是法治军队。厉行法治、严肃军纪，是治军带兵的铁律，也是建设强大军队的基本规律。在新时代新征程上，人民军队必须用铁的纪律凝聚铁的意志、锤炼铁的作风、锻造铁的队伍，任何时候任何情况下都一切行动听指挥、步调一致向前进。

第五，进一步深化练兵备战。“兵不闲习，不可以当敌。”军队是要准备打仗的，必须坚持战斗力这个唯一的根本的标准，在军事斗争实践中强化斗争精神、锤炼硬核能力，成为让党和人民放心的制胜尖刀。始终牢记忘战必危、怠战必败，坚持以战领建，强化战建统筹，做好军事斗争准备，形成战、建、备一体推进的良好局面。深入推进军事训练转型，构建新型军事训练体系，深化实战实训、联战联训、科技强训、依法治训。深入研究现代战争制胜机理，把握军事力量运用的特点和规律，构建一体化国家战略体系和能力，加快提高联合作战能力、全域作战能力，坚决打败一切来犯之敌，坚决捍卫国家主权、安全、发展利益。

宏伟蓝图已绘就，砥砺奋进正当时。习近平总书记深刻指出，中华民族走出苦难、中国人民实现解放，有赖于一支英雄的人民军队；中华民族实现伟大复兴，中国人民实现更加美好生活，必须加快把人民军队全面建成世界一流军队。我们要不忘初心、继续前进，坚定不移走中国特色强军之路，把强军事业不断推向前进。

19

如何理解没有社会主义文化繁荣发展，就没有社会主义现代化？

文化是历史的积淀、智慧的结晶，是一个国家、一个民族的灵魂。真正有前途、有力量的国家和民族，必然有其灿烂的文明、辉煌的文化。

在浩瀚的历史长河中，中华民族之所以能够成为伟大的民族、始终屹立于世界民族之林，很重要的就在于创造了熠熠生辉、光耀世界的中华文明，培育和发展了博大精深、历久弥新的中华文化，为中华民族生生不息、发展壮大提供了丰厚滋养。

这就正如习近平总书记所强调的："没有社会主义文化繁荣发展，就没有社会主义现代化。"

党的十八大以来，以习近平同志为核心的党中央高度重视文化建设，坚持以人民为中心的工作导向，举旗帜、聚民心、育新人、兴文化、展形象，牢牢掌握意识形态工作领导权，建设具有强大凝聚力和引领力的社会主义意识形态，建设社会主义文化强国，激发全民族文化创新创造活力，更好构筑中国精神、中国价值、中国力量，为新时代开创党和国家事业新局面提供了思想保证、舆论支持、精神动力和文化条件。习近平总书记在新时代文化建设方面的新思想新观点新论断，内涵十分丰富、论述极为深刻，是新时代党领导文化建设实践经验的理论总结，丰富和发展了马克思主义文化理论，构成了习近平新时代中国特色社会主义思想的文化篇，形成了习近平文化思想。

现在，我国正迈上全面建设社会主义现代化国家、向第二个百年奋斗目标进军的新征程。以中国式现代化全面推进中华民族伟大复兴，不断夺取全面建设社会主义现代化国家新胜利，我们更加需要坚定的信心、统一的意志，更加需要文化的引领、精神的支撑。正如习近平总书记所说："统筹推进'五位一体'总体布局、协调推进'四个全面'战略布局，文化是重要内容；推动高质量发展，文化是重要支点；满足人民日益增长的美好生活需要，文化是重要因素；战胜前进道路上各种风险挑战，文化是重要力量源泉。"习近平总书记的深刻论述阐明了全面建设社会主义现代化国家，文化的地位不可替代，文化的作用更加凸显。

统筹推进"五位一体"总体布局、协调推进"四个全面"战略布局，文化是重要内容。这既是对文化在新时代中国特色社会主义事业总体布局中地位的科学阐释，也是对文化在处理总体布局和战略布局二者之间关系中作用的科学解答。文化是"五位一体"总体布局的重要内容。经济建设、政治建设、文化建设、社会建设、生态文明建设作为一个有机整体，其中，经济建设是根本，政治建设是保证，文化建设是灵魂，社会建设是条件，生态文明建设是基础。文化建设既独立于其他四项建设，又同其他四项建设密切相关。无论经济建设、政治建设、社会建设、生态文明建设，都离不开文化指导，其成果最终也要通过文化来表现。文化既是软实力，又是硬实力；是支撑力，又是变革力。由此可见，统筹推进"五位一体"总体布局，必须在中国特色社会主义的伟大实践中进行文化创造，不断提升人民思想觉悟、道德水准、文明素养和全社会文明程度。文化是"四个全面"战略布局的重要内容。全面建设社会主义现代化国家，文化的地位不可替代，文化的作用更加凸显。中国式现代化是物质文明和精神文明相协调的现代化，我们坚持社会主义核心价值观，加强理想信念教育，弘扬中华优秀传统文化，增强人民精神力量，促进物的全面丰富和人的全面发展。全面深化改革，激发各类市场主体作用，就必须优化民营经济发展环境，构建亲清政商关系，弘扬企业家精神；弘扬诚信文化，推动诚信建设。全面依法治国是国家治理的一场深刻革命，关系党执政兴国，关系人民幸福安康，关系党和国家长治久安。全面依法治国则需要依托于法治文化建设，提高法治思维和依法办事的能力，促进法治观念不断增强。全面从严治党必须坚持以党的创新理论为引领，用习近平新时代中国特色社会主义思想武装头脑，实现从学懂、弄通到做实的飞跃。由此可见，没有文化的支撑，就不可能做到统筹推进“五位一体”总体布局、协调推进“四个全面”战略布局。

推动高质量发展，文化是重要支点。高质量发展是全面建设社会主义现代化国家的首要任务。高质量发展是能够很好满足人民日益增长的美好生活需要的发展，是体现新发展理念的发展，是创新成为第一动力、协调成为内生特点、绿色成为普遍形态、开放成为必由之路、共享成为根本目的的发展。习近平总书记指出：“经济、社会、文化、生态等各领域都要体现高质量发展的要求。”这就说明，高质量发展的时代要求不仅仅存在于经济领域，也存在于文化领域。“中国式现代化是物质文明和精神文明相协调的现代化。物质富足、精神富有是社会主义现代化的根本要求。”共同富裕是物质富裕与精神富裕的统一，因此，要大力发展社会主义先进文化，加强理想信念教育，传承中华文明，不断满足人民群众多样化、多层次、多方面的精神文化需求，促进人的全面发展，让文化软实力成为高质量发展的硬支撑。

满足人民日益增长的美好生活需要，文化是重要因素。中国特色社会主义进入新时代以来，我国社会主要矛盾已经转化为人民日益增长的美好生活需要和不平衡不充分的发展之间的矛盾。人民对于美好生活的需要不能脱离物质需要和精神需要两个维度。满足人民的物质需要，需要不断发展生产力，切实保障和改善民生。满足人民的精神需要则需要依托文化建设。不同行业类别、不同社会群体、不同地区的人民群众因社会阅历、知识结构、生活环境等多重客观因素的差异性影响，在精神文化需求方面表现出多层次性特征。特别是在当下，我们正开启全面建设社会主义现代化国家新征程、向第二个百年奋斗目标进军。在这个新发展阶段，人民群众在物质生活不断改善的基础上，精神文化需求呈现出多样化特点。主要表现在对精神文化产品的内容供给质量提出更高的要求，对精神文化产品的形式创新有了更新的标准，对精神文化产品的载体平台有了更多的期待。只有在正本清源、守正创新中打开文化建设新局面，才能满足人民群众多层次的精神文化需求，使人民群众从精神文化产品中获得精神洗礼、思想升华、知识丰富、艺术享受。

战胜前进道路上各种风险挑战，文化是重要力量源泉。文化具有统一思想、凝聚人心的重要功能。中国人民历经磨难而不屈，中华民族久经考验而不衰，伟大民族精神熠熠生辉，文化是重要力量源泉。当今世界正经历百年未有之大变局，中华民族伟大复兴正处于关键时期，改革发展稳定、内政外交国防、治党治国治军各方面任务之繁重前所未有，我们面临的风险挑战之严峻前所未有。这些风险挑战，既有来自国际的，也有来自国内的；既有来自经济社会领域的，也有来自自然界的。近年来，历史虚无主义和文化虚无主义社会思潮打着“恶搞”“戏说”的幌子，歪曲、贬低、诋毁中华民族的历史和文化。面对这样的险恶用心，我们一方面要坚决斗争，不断净化网络环境和文化生态。另一方面，要把文化建设摆在更加突出的位置，在培根铸魂上下“硬功夫”，不断铸就中华文化新辉煌，展现“乱云飞渡仍从容”的战略定力和“无限风光在险峰”的战略视野，为开启全面建设现代化国家新征程奠定坚实基础，不断夺取新时代中国特色社会主义现代化建设的新胜利。

在开启以中国式现代化全面推进中华民族伟大复兴的新征程上，我们要抓住以下几个重点继续推进文化自信自强，发展繁荣社会主义文化，增强实现中华民族伟大复兴的精神力量。

第一，必须坚持中国特色社会主义文化发展道路，增强文化自信，围绕举旗帜、聚民心、育新人、兴文化、展形象建设社会主义文化强国，发展面向现代化、面向世界、面向未来的，民族的科学的大众的社会主义文化，激发全民族文化创新创造活力，增强实现中华民族伟大复兴的精神力量。

第二，建设具有强大凝聚力和引领力的社会主义意识形态。意识形态工作是为国家立心、为民族立魂的工作。牢牢掌握党对意识形态工作领导权，巩固壮大奋进新时代的主流思想舆论，完善做好意识形态工作的体制机制，全面落实意识形态工作责任制。健全用党的创新理论武装全党、教育人民、指导实践工作体系，推动学习宣传贯彻党的创新理论不断往深里走、往实里走、往心里走。深入实施马克思主义理论研究和建设工程，加快构建中国特色哲学社会科学学科体系、学术体系、话语体系，培育壮大哲学社会科学人才队伍。加强全媒体传播体系建设，塑造主流舆论新格局。健全网络综合治理体系，推动形成良好网络生态。

第三，广泛践行社会主义核心价值观。社会主义核心价值观是凝聚人心、汇聚民力的强大力量。弘扬以伟大建党精神为源头的中国共产党人精神谱系，用好红色资源，深入开展社会主义核心价值观宣传教育，深化爱国主义、集体主义、社会主义教育，着力培养担当民族复兴大任的时代新人。推动理想信念教育常态化制度化，持续抓好党史、新中国史、改革开放史、社会主义发展史宣传教育，引导人民知史爱党、知史爱国，不断坚定中国特色社会主义共同理想。用社会主义核心价值观铸魂育人，完善思想政治工作体系，推进大中小学思想政治教育一体化建设。坚持依法治国和以德治国相结合，把社会主义核心价值观融入法治建设、融入社会发展、融入日常生活。

第四，提高全社会文明程度。实施公民道德建设工程，弘扬中华传统美德，加强家庭家教家风建设，加强和改进未成年人思想道德建设，推动明大德、守公德、严私德，提高人民道德水准和文明素养。统筹推动文明培育、文明实践、文明创建，推进城乡精神文明建设融合发展，在全社会弘扬劳动精神、奋斗精神、奉献精神、创造精神、勤俭节约精神，培育时代新风新貌。加强国家科普能力建设，深化全民阅读活动。完善志愿服务制度和工作体系。弘扬诚信文化，健全诚信建设长效机制。发挥党和国家功勋荣誉表彰的精神引领、典型示范作用，推动全社会见贤思齐、崇尚英雄、争做先锋。

第五，繁荣发展文化事业和文化产业。坚持以人民为中心的创作导向，推出更多增强人民精神力量的优秀作品，培育造就大批德艺双馨的文学艺术家和规模宏大的文化文艺人才队伍。坚持把社会效益放在首位、社会效益和经济效益相统一，深化文化体制改革，完善文化经济政策。实施国家文化数字化战略，健全现代公共文化服务体系，创新实施文化惠民工程。健全现代文化产业体系和市场体系，实施重大文化产业项目带动战略。加大文物和文化遗产保护力度，加强城乡建设中历史文化保护传承，建好用好国家文化公园。坚持以文塑旅、以旅彰文，推进文化和旅游深度融合发展。广泛开展全民健身活动，加强青少年体育工作，促进群众体育和竞技体育全面发展，加快建设体育强国。

第六，增强中华文明传播力影响力。坚守中华文化立场，提炼展示中华文明的精神标识和文化精髓，加快构建中国话语和中国叙事体系，讲好中国故事、传播好中国声音，展现可信、可爱、可敬的中国形象。加强国际传播能力建设，全面提升国际传播效能，形成同我国综合国力和国际地位相匹配的国际话语权。深化文明交流互鉴，推动中华文化更好走向世界。

浩渺行无极，扬帆但信风。今日之中国，向上的每一阶都无比光明，向前的每一步都在开创历史。积极健康的文化导向，繁荣发展的文化局面，不仅是经济社会均衡发展的重要标志，也是实现人的全面发展的重要引擎。乘势而上开启全面建设社会主义现代化国家新征程、向第二个百年奋斗目标进军，中国共产党和中国人民必将因文化自信的渊源深厚、文化发展的多姿多彩、文明程度的与日俱进而充满底气和力量！

20

如何理解推进中国式现代化要坚持“绿水青山就是金山银山”的绿色发展理念？

人类起源于自然，生存于自然，发展于自然。自人类出现以后，生物与环境、人与自然就紧密联系在一起。人类与自然环境之间的相互作用，是一个复杂而微妙的系统过程。这个过程包括了人类对环境的影响，以及环境对人类的反作用。环境问题就是在人类与自然环境相互作用的过程中产生的，根本上反映了人与自然的矛盾冲突，究其本质是经济结构、生产方式和消费模式问题。

纵观世界环境保护的历史，就是一部正确处理环境与经济的关系史。每一次重大环境事件的发生，都会推动环境与经济关系的重新调整。这大致分为 3 种类型：

一是绝处逢生型。以德国为代表。从 20 世纪 70 年代开始，德国着手对环境进行积极治理，逐步形成了一套完备的环保治理体系，并把环保法扩大到经济生活各个领域。到 20 世纪 90 年代，德国的环境质量得到很大改善，河流变清了，空气污染减轻了。

二是奋起直追型。以日本为代表。日本在二战之后经济快速地恢复，工业得到了长足的发展，但是，因为没有完备的环境保护措施，工业污染造成的公害问题泛滥成灾。世界八大公害事件中日本就有 4 件。从 1970 年开始，日本确立环境优先原则，实行世界上最严格的环境法律和标准，经过几十年努力，基本解决了工业污染问题。

三是跨越发展型。以新加坡为代表。新加坡在工业化初期就意识到经济发展不能以牺牲环境为代价，迅速采取政府干预、全民环境教育以及法治建设等措施来保护环境，使经济与环境协调发展，成为举世闻名的“花园式城市”。

国际社会为解决环境问题付出了很大努力，但全球环境问题少数有所缓解、总体仍在恶化。生物多样性锐减、气候变化、水资源危机、化学品污染、土地退化等问题并未得到有效解决。发达国家和地区已经基本解决传统工业化带来的环境污染问题。大多数发展中国家由于自身工业化的发展以及贫穷和债务等原因，迫使他们过度开发自己的环境资源，不少地方已经出现经济发展与环境破坏之间的恶性循环，治理难度进一步加大。

发达国家环境保护进程中的经验教训值得我们深思和汲取。主要教训是：发达国家曾走过了“先污染后治理、牺牲环境换取经济增长”的老路，我国不能重蹈覆辙，必须努力避免，积极探索环境保护新路。基本经验在于：一是建立以高违法成本为理念的环境法律体系，环境责任终身追究，严格执法。二是从根本上解决生态环境问题，必须从经济发展中找出路，加快转变经济发展方式和调整经济结构。三是充分发挥科技创新对高质量发展的支撑作用，强化环境经济政策激励，推动环境成本内部化。四是政府、企业、公众共同参与，形成全社会推进环境保护的强大合力。

“绿水青山就是金山银山。”

19 年前，浙江湖州市安吉县余村，时任浙江省委书记习近平，娓娓道出这句生动而深刻的话语。从世界其他一些国家的现代化进程来看，几百年的工业化历程都伴随着资源消耗、环境污染等问题。不同于西方资本主义国家 20 世纪 80 年代兴起的从工业社会向生态社会转型的生态现代化，中国式现代化是中国特色社会主义从发展中社会向生态文明社会转型的过程。

中国式现代化是以人民为中心的现代化，是人与自然和谐共生的现代化，是以绿色为底色的现代化。特别是新时代以来，以习近平同志为核心的党中央提出要在推进中国式现代化的过程中，同步推进经济建设和生态文明建设，决不能走先污染后治理的老路，而要走节约资源、保护环境、绿色低碳的新型发展道路，推进绿色发展，促进人与自然和谐共生，保护绿水青山，赢得金山银山，提出了“人与自然和谐共生”的现代化理念。而在人与自然和谐共生这个理念之中，“绿水青山就是金山银山”正是最重要的关键词。

那么，如何理解推进中国式现代化要坚持“绿水青山就是金山银山”的绿色发展理念？这是因为：在推进中国式现代化的进程中，绿水青山既是自然财富、生态财富，又是社会财富、经济财富。保护生态环境就是保护自然价值和增值自然资本，就是保护经济社会发展潜力和后劲，使绿水青山得以持续转化为金山银山。党的十八大以来，以习近平同志为核心的党中央从中华民族永续发展的高度出发，深刻把握生态文明建设在新时代中国特色社会主义事业中的重要地位和战略意义，大力推动生态文明理论创新、实践创新、制度创新，创造性提出一系列新理念新思想新战略，形成了习近平生态文明思想。在习近平生态文明思想的科学指引下，我国在经济实力实现历史性跃升的同时，生态环境保护发生历史性、转折性、全局性变化，创造了一个又一个世界之最：全球森林资源增长最多和人工造林面积最大的国家，全球能耗强度降低最快的国家之一，可再生能源开发利用规模、新能源汽车产销量均居世界第一……这些年来，着眼于“还老百姓蓝天白云、繁星闪烁”，坚决打赢蓝天保卫战；致力于“还给老百姓清水绿岸、鱼翔浅底的景象”，深入实施水污染防治行动计划；立足于“为老百姓留住鸟语花香田园风光”，持续开展农村人居环境整治行动……我们按下绿色发展快进键，进入生态文明建设快车道，中国式现代化瞄准的是绿水青山和金山银山双赢，绿色越来越成为高质量发展的鲜明底色。

走中国式现代化道路，就是要坚持资源节约和保护环境的基本国策，走出一条可持续发展之路，形成一种人与自然和谐共生的现代化建设新模式。

在黑龙江伊春，天然林商业性采伐全面停止，良好的生态使这里成为旅游“打卡地”；在江苏连云港，随着海域生态持续改善，渔获又丰富起来；在浙江余村，昔日的矿坑变成了绿油油的露天草坪，远眺是竹海与青山，近观有田野与农舍……党的十八大以来，各地坚持在发展中保护、在保护中发展，实现百姓富、生态美的有机统一，“绿水青山就是金山银山”的理念在祖国大地上更加充分地展现出来。绿色，正成为高质量发展的动人底色；良好生态环境，正成为全面建成小康社会的重要体现。

——绿水青山就是金山银山，这是对良好生态环境重要价值和意义的深刻认识。绿水青山既是自然财富又是社会财富，既是生态财富又是经济财富。保护生态环境就是保护自然价值和增值自然资本，就是保护经济社会发展潜力和后劲，使绿水青山持续发挥生态效益和经济社会效益。

——绿水青山就是金山银山，这是对人民群众所想、所盼、所急的积极回应。良好生态环境是最公平的公共产品，是最普惠的民生福祉。坚定走生产发展、生活富裕、生态良好的文明发展道路，持续提供更多优质生态产品，才能不断满足人民日益增长的优美生态环境需要。

——绿水青山就是金山银山，这是重要的发展理念，也是推进现代化建设的重大原则。“绿水青山就是金山银山”理念阐述了经济发展和生态环境保护之间辩证统一的关系，揭示了保护生态环境就是保护生产力、改善生态环境就是发展生产力的道理，指明了实现经济发展和环境保护协同共生的新方法、新路径。

绿水青山就是金山银山，这其中蕴含着以“推动绿色发展，促进人与自然和谐共生”为发展模式的中国式现代化道路的顶层逻辑。

第一，保护绿水青山，是不断满足人民对优美生态环境的需要。坚持以人民为中心，是我们党领导中国式现代化建设的根本立场。生态环境是最普惠的民生福祉。十多年来，经过不懈努力，一大批关系民生的突出环境问题得到解决，生态环境质量持续改善，我国生态环境保护发生历史性、转折性、全局性变化。中国式现代化是人与自然和谐共生的现代化。西方现代化在先发现代化阶段走过了对自然资源极端掠夺的弯路，对自然资源环境产生了巨大的破坏后果。中国式现代化摒弃西方物质主义膨胀的现代化对自然资源疯狂攫取的歧路。我们要建设的现代化是人与自然和谐共生的现代化，既要创造更多物质财富和精神财富以满足人民日益增长的美好生活需要，也要提供更多优质生态产品以满足人民日益增长的优美生态环境需要。

第二，呵护绿水青山，是守住人民对乡愁乡情美好记忆的需要。乡愁，是一种记忆，一种经久不衰的情愫，一种历久弥新的期待。推进中国式现代化建设，要体现尊重自然、顺应自然、天人合一的理念，依托现有山水脉络等独特风光，让发展融入自然，让居民望得见山、看得见水、记得住乡愁。

第三，依托绿水青山，是实现地区经济高质量发展的需要。站在生态文明建设新征程上，习近平总书记指出：“要积极探索推广绿水青山转化为金山银山的路径。”发展是硬道理。要通过绿色发展不断增加人民群众的物质财富，发展不仅要让人民群众生活更富裕，更要让人民群众能享受优美的环境。杀鸡取卵、竭泽而渔的发展方式走到了尽头，顺应自然、保护生态的绿色发展昭示着未来。实践证明：保护生态环境就是保护生产力、改善生态环境就是发展生产力。“‘鱼逐水草而居，鸟择良木而栖。’如果其他各方面条件都具备，谁不愿意到绿水青山的地方来投资、来发展、来工作、来生活、来旅游？”湖北省竹山县圣水湖旅游度假区，一边是碧波荡漾、鱼跃鸟飞、杨柳依依，另一边则是游客嬉水、快艇飞驰的欢快景象；内蒙古自治区赤峰市马鞍山林场，随着森林面积逐年增加，旅游的人多了，山野菜不愁卖了；四川省稻城县、山东省蒙阴县、江西省崇义县等地发展“生态+”产业，推动新业态融合，打造生态品牌；黑龙江、西藏等地的冰天雪地也能成为群众致富、乡村振兴的“金山银山”……党的十八大以来，各地积极探索“守绿换金”“添绿增金”“点绿成金”“借绿生金”等一批转化模式，着力发展“美丽经济”，已有240个地区获得“绿水青山就是金山银山”实践创新基地称号，从“空守宝山而不自知”到“身在宝山硕果累累”，人民群众的获得感、幸福感不断增强。面向世界，绿水青山就是金山银山的理念成为中国共产党和中国全社会的共识与行动。习近平总书记提出构建“地球生命共同体”“人与自然生命共同体”等重要理念，为推进全球生态环境治理、建设美丽世界作出卓越贡献。中国坚持走绿色发展之路，为解决全球生态危机提供了宝贵经验。中国推动落实《巴黎协定》，宣布富有雄心的“双碳”目标，是全球生态文明建设重要参与者、贡献者、引领者。坚持绿色低碳，建设一个清洁美丽的世界，既是保护地球家园、永续人类发展的必由之路，也是中国式现代化的必然要求。

未来，建设人与自然和谐共生的现代化，更要努力把绿水青山蕴含的生态产品价值转化为金山银山，让良好生态环境成为人民生活的增长点、成为经济社会持续健康发展的支撑点、成为展现中国良好形象的发力点，把绿水青山建得更美，把金山银山做得更大！

问答

WENDA
ZHONGGUOSHI
XIANDAIHUA

中国式现代化

第三篇章

ZHONGGUOSHI
XIANDAIHUA
SHIXIAN
DE
JINLU
YU
ZHINAN

中国式现代化实现的进路与指南

道路决定命运，思想引领未来。习近平总书记指出：“中国共产党将团结带领中国人民深入推进中国式现代化，为人类对现代化道路的探索作出新贡献。”习近平新时代中国特色社会主义思想深刻回答了建设什么样的社会主义现代化强国、怎样建设社会主义现代化强国等重大时代课题，成为我们坚定走中国式现代化道路的行动指南。

建设现代化强国是中国共产党人孜孜以求的奋斗目标，中国式现代化道路是现代化强国建设的必由之路、正确之路。回望历史，我们用几十年时间走完西方发达国家几百年走过的工业化历程，创造了经济快速发展和社会长期稳定的奇迹，为中华民族伟大复兴开辟了广阔前景。面向未来，我们更加坚信：中国式现代化这条“自己的路”“独特的路”不仅走得对、走得通，而且也一定能够走得稳、走得顺！

21 为什么推进中国式现代化要坚持中国共产党领导？

办好中国的事情，关键在党。

党的十八大以来，从把“党政军民学，东西南北中，党是领导一切的”写入党章，到把“中国共产党领导是中国特色社会主义最本质的特征”载入宪法，再到以一系列制度安排把党的领导落实到治国理政全过程各方面……面对党内一度存在的对坚持党的领导认识模糊、行动乏力问题，面对落实党的领导弱化、虚化、淡化、边缘化问题，以习近平同志为核心的党中央从事关党和国家事业前途命运的高度，从理论和实践上旗帜鲜明作出回答。回望这十年，正是因为始终坚持和加强党的全面领导，我们才能不断推动新时代中国特色社会主义伟大事业砥砺奋进、壮阔前行。

习近平总书记在党的二十大报告中强调“中国式现代化，是中国共产党领导的社会主义现代化”，“坚持中国共产党的领导”是中国式现代化的本质要求。而要弄清楚这一本质要求的基本内涵，我们首先要知道什么是“党的领导”。

从基本内涵来看，党的领导的实质，就是全心全意为人民服务，就是向工人阶级和人民群众指出正确的目标和方向，团结和引导工人阶级和人民群众为实现他们的利益而奋斗。党的领导的这种作用，具体表现在指引、服务、保证、协调等几个方面，是这几个方面的统一。从领导范围和方式来看，党的领导主要是政治、思想和组织领导，通过制定大政方针，提出立法建议，推荐重要干部，进行思想宣传，发挥党组织和党员的作用，坚持依法执政，实施党对国家和社会的领导，等等。中国历史特别是中国近代以来实现民族独立和人民解放的历史、现在正在为实现国家富强和人民幸福而奋斗的生动实践充分证明：领导中国这样一个十四亿多人口大国的革命、建设和改革，治理这样一个大国，首先要有一个能够凝聚最广大人民群众并获得他们发自内心拥护的主心骨。

在中国，这个主心骨就是中国共产党。

一、坚持中国共产党的领导是历史的必然选择

1840 年鸦片战争以后，中国逐步沦为半殖民地半封建社会，国家蒙辱、人民蒙难、文明蒙尘，中华民族遭受了前所未有的劫难。从那时起，实现中华民族伟大复兴，就成为中国人民和中华民族最伟大的梦想。为了拯救民族危亡，中国人民奋起反抗，仁人志士奔走呐喊，太平天国运动、戊戌变法、义和团运动、辛亥革命接连而起，各种救国方案轮番出台，但都以失败而告终。中国迫切需要新的思想引领救亡运动，迫切需要新的组织凝聚革命力量。（鸦片战争之后，中国被卷入了世界现代化的浪潮之中，我们曾经想“师夷长技以制夷”，也曾经想以君主立宪制、多党制、议会制来维新，苦苦寻求中国现代化之路。孙中山先生的《建国方略》被称为近代中国谋求现代化的第一份蓝图，提出不走西方工业化的老路，强调在工业化过程中要“节制资

本”，防止出现社会贫富不均的大毛病。但在半殖民地半封建社会的条件下，中国现代化没有也不可能取得成功。）

“十月革命一声炮响，给中国送来了马克思列宁主义。中国先进分子从马克思列宁主义的科学真理中看到了解决中国问题的出路。”在中国人民和中华民族的伟大觉醒中，在马克思列宁主义同中国工人运动的紧密结合中，中国共产党应运而生。

中国共产党自成立起团结带领中国人民所进行的一切奋斗，就是为了把我国建设成为现代化强国，实现中华民族伟大复兴。在新民主主义革命时期，我们党团结带领人民，浴血奋战、百折不挠，经过北伐战争、土地革命战争、抗日战争、解放战争，推翻帝国主义、封建主义、官僚资本主义三座大山，建立了人民当家作主的中华人民共和国，实现了民族独立、人民解放，为实现现代化创造了根本社会条件。新中国成立后，我们党团结带领人民进行社会主义革命，消灭在中国延续几千年的封建制度，确立社会主义基本制度，实现了中华民族有史以来最为广泛而深刻的社会变革，建立起独立的比较完整的工业体系和国民经济体系，社会主义革命和建设取得了独创性理论成果和巨大成就，为现代化建设奠定根本政治前提和宝贵经验、理论准备、物质基础。改革开放和社会主义建设新时期，我们党作出把党和国家工作重心转移到经济建设上来、实行改革开放的历史性决策，大力推进实践基础上的理论创新、制度创新、文化创新以及其他各方面创新，实行社会主义市场经济体制，实现了从生产力相对落后的状况到经济总量跃居世界第二的历史性突破，实现了人民生活从温饱不足到总体小康、奔向全面小康的历史性跨越，为中国式现代化提供了充满新的活力的体制保证和快速发展的物质条件。

党的十八大以来，我们党在已有基础上继续前进，不断实现理论和实践上的创新突破，成功推进和拓展了中国式现代化。在认识上不断深化，创立了习近平新时代中国特色社会主义思想，实现了马克思主义中国化时代化新的飞跃，为中国式现代化提供了根本遵循。进一步深化对中国式现代化的内涵和本质的认识，概括形成中国式现代化的中国特色、本质要求和重大原则，初步构建中国式现代化的理论体系，使中国式现代化更加清晰、更加科学、更加可感可行。在战略上不断完善，深入实施科教兴国战略、人才强国战略、乡村振兴战略等一系列重大战略，为中国式现代化提供坚实战略支撑。在实践上不断丰富，推进一系列变革性实践、实现一系列突破性进展、取得一系列标志性成果，推动党和国家事业取得历史性成就、发生历史性变革，特别是消除了绝对贫困问题，全面建成小康社会，为中国式现代化提供了更为完善的制度保证、更为坚实的物质基础、更为主动的精神力量。

"人间正道是沧桑"。历史已经证明并将继续证明，中国人民和中华民族之所以能够扭转近代以后的历史命运、取得今天的伟大成就，最根本的是有中国共产党的坚强领导；没有中国共产党就没有新中国，就没有中国人民的幸福生活，就没有中华民族的伟大复兴。只有中国共产党能够带领全国各族人民全面建成社会主义现代化强国、全面推进中华民族伟大复兴。

二、坚持中国共产党的领导是人民的郑重选择

党的领导地位的形成，不仅是历史的选择，历史的必然，也是人民的选择，是人民的意愿，人民的心声。中国人民选择中国共产党作为领导党，根本的原因是中国共产党从成立以后，就把为中国人民谋幸福，为中华民族谋复兴作为自己的初心和使命。习近平总书记指出："中国共产党是为广大人民谋幸福的党，从成立开始，就把为人民服务写在了党的旗帜上。""人民是我们党执政的最深厚基础和最大底气。为人民谋幸福、为民族谋复兴，这

既是我们党领导现代化建设的出发点和落脚点，也是新发展理念的‘根’和‘魂’。只有坚持以人民为中心的发展思想，坚持发展为了人民、发展依靠人民、发展成果由人民共享，才会有正确的发展观、现代化观。”

人民的选择从逻辑上看有两层含义：一是从精神层面上看，是“人心向着共产党”，人民从内心深处支持和拥护党的领导；二是从实践层面来看，是人民跟党走，在党的领导下，为实现中华民族伟大复兴而努力奋斗！中国共产党代表中国人民的根本利益，把人民的利益放在至高无上的位置，赢得了人心；人民选择了代表自己利益的中国共产党作为领导党，从内心支持和拥护党的领导，这就是人民的选择的根本逻辑。

关于坚持中国共产党的领导是人民的郑重选择这一历史结论，主要体现在以下三个方面：第一，中国人民在长期的革命斗争中认识到“没有共产党就没有新中国”这一真理。在艰苦卓绝的中国革命的历史过程中，中国人民最终认识到，只有中国共产党才能给国家和民族找到出路。因此，中国人民坚定地选择了中国共产党作为领导党。第二，中国人民在建设中国特色社会主义的过程中深切体会到：党的领导是中国特色社会主义建设取得胜利的根本保证。人民坚定不移地选择中国共产党作为领导党和执政党，这就是党和人民血肉关系的真实写照。正如习近平总书记指出：“我们党的百年历史，就是一部践行党的初心使命的历史，就是一部党与人民心连心、同呼吸、共命运的历史。”历史充分证明，中国共产党坚持一切为了人民、一切依靠人民，始终把人民放在心中最高位置、把人民对美好生活的向往作为奋斗目标。中国人民坚定选择中国共产党作为自己的领导核心，这是理论逻辑和历史逻辑相统一的必然结果。第三，在推进中华民族伟大复兴的征程中，中国人民深刻认识到：全面建设社会主义现代化国家、全面推进中华民族伟大复兴，关键在党，只有坚持中国共产党的领导才能实现中华民族的伟大复兴。因此，人民坚定不移地选择党的领导，支持党的领导。坚持党的领导，符合国家和人民的根本利益；坚持党的领导，就是选择了国家和民族光明的未来。

三、坚持中国共产党的领导是以中国式现代化全面推进中华民族伟大复兴的根本保证

百年恰是风华正茂，百年仍需风雨兼程。回望来时路，中国共产党带领中国人民谱写的复兴赞歌，充分证明了党的领导的正确性。远眺前行路，以中国式现代化全面推进中华民族伟大复兴，我们不知还要爬多少坡、过多少坎，经历多少风风雨雨、克服多少艰难险阻。但是，无论处在什么境地、无论面对多大的风险挑战，坚持党的领导绝不可动摇。

目标的宏伟性要求我们坚持中国共产党的领导。习近平总书记所作的党的二十大报告开宗明义宣示，“我们党立志于中华民族千秋伟业，致力于人类和平与发展崇高事业，责任无比重大，使命无上光荣”，强调“中国共产党是为中国人民谋幸福、为中华民族谋复兴的党，也是为人类谋进步、为世界谋大同的党”。中国式现代化是实现中华民族伟大复兴的方式、途径和手段。中国式现代化，有其独特的本质特征和基本属性，它是与中国共产党的根本宗旨和目标追求紧紧连在一起的。习近平总书记在党的二十大报告中重申了中国式现代化在人口规模、共同富裕、物质文明和精神文明相协调、人与自然和谐共生、走和平发展道路五个方面的基本特征，并特别强调了“坚持中国共产党领导，坚持中国特色社会主义，实现高质量发展，发展全过程人民民主，丰富人民精神世界，实现全体人民共同富裕，促进人与自然和谐共生，推动构建人类命运共同体，创造人类文明新形态”的本质要求。这些基本特征和本质要求，恰恰是中国共产党的根本宗旨和目标追求决定

的，也只有在中国共产党的坚强领导下，中国式现代化的人民特色和质量成色才能彰显出来。

形势的复杂性要求我们坚持中国共产党的领导。新时代以来，我们党成功推进和拓展了中国式现代化，迈上全面建设社会主义现代化国家、实现第二个百年奋斗目标的新征程。但同时也要清醒地看到，肩负起历史使命，全面建设社会主义现代化国家绝不是轻而易举就能实现的。当前，世界百年未有之大变局正在加速推进，中国共产党仍要进行具有许多新的历史特点的伟大斗争，我们依然面临着长期的、复杂的执政考验、改革开放考验、市场经济考验、外部环境考验，依然面临着尖锐的、严峻的精神懈怠危险、能力不足危险、脱离群众危险、消极腐败危险。在新的历史条件下，只有坚持和加强党的全面领导，才能统一思想，不断增强党的政治领导力、思想引领力、群众组织力、社会号召力，在思想上政治上行动上同以习近平同志为核心的党中央保持高度一致，才能保证全国一盘棋，在应对国内外各种风险和考验的历史进程中，使党始终成为全国人民的主心骨，带领全国人民沿着正确方向阔步前进；才能汇聚起磅礴力量，切实肩负起新时代党的历史使命，推动中华民族伟大复兴号巨轮乘风破浪、扬帆远航。

任务的艰巨性要求我们坚持中国共产党的领导。习近平总书记说：“我们的现代化既是最难的，也是最伟大的。”之所以说是最“难”的，是因为：中国式现代化作为人类历史上最为宏大而独特的实践创新，已经积累了丰富经验、形成了规律性认识，但仍有大量改革难题、发展课题、矛盾问题需要破解，任务极其艰巨，难度世所罕见。正如一组数据显示，迄今为止，全球完成工业化的发达国家和地区人口总和不超过 10 亿人。中国 14 亿多人口整体迈入现代化社会，无先例可循，更没有现成道路可走。“伟大”就“伟大”于，14 亿多人口要整体迈入现代化社会，将彻底改写现代化的世界版图，于中华民族、于世界、于人类都是一件有深远影响的大事。破除的是“现代化就是西方化”的迷思，创造的是人类文明新形态。这样的道路前所未有，这样的变革没有先例，这样的征程充满挑战。越是形势复杂，越是任务艰巨，越是要发挥党的领导这个最大政治优势，把党的领导落实到党和国家各方面各环节，使党始终成为风雨来袭时全体人民最可靠的主心骨，确保我国社会主义现代化建设的正确方向，确保党和国家事业始终拥有团结奋斗的强大凝聚力和万众一心、共克时艰的磅礴伟力。

历史和现实都证明，中国共产党的领导是中国式现代化最鲜明的特征和最突出的优势。习近平总书记深刻指出，“全面建设社会主义现代化国家、全面推进中华民族伟大复兴，关键在党”，“中国式现代化，是中国共产党领导的社会主义现代化”。党的领导直接关系中国式现代化的根本方向、前途命运、最终成败。党的领导决定中国式现代化的根本性质，只有毫不动摇坚持党的领导，中国式现代化才能前景光明、繁荣兴盛；否则就会偏离航向、丧失灵魂，甚至犯颠覆性错误。党的领导确保中国式现代化锚定奋斗目标行稳致远，我们党的奋斗目标一以贯之，一代一代地接力推进，取得了举世瞩目、彪炳史册的辉煌业绩。党的领导激发建设中国式现代化的强劲动力，我们党勇于改革创新，不断破除各方面体制机制弊端，为中国式现代化注入不竭动力。党的领导凝聚建设中国式现代化的磅礴力量，我们党坚持党的群众路线，坚持以人民为中心的发展思想，发展全过程人民民主，充分激发全体人民的主人翁精神。

22 如何正确认识中国式现代化道路上必须牢牢把握的五个方面的重大原则?

习近平总书记在党的二十大报告中系统阐述了中国式现代化的基本内涵和实践路径，创造性地提出了前进道路上必须牢牢把握的五个方面的重大原则：坚持和加强党的全面领导，坚持中国特色社会主义道路，坚持以人民为中心的发展思想，坚持深化改革开放，坚持发扬斗争精神。深刻理解、系统把握这五个方面的原则，对于我们埋头苦干、奋勇前进，以中国式现代化全面推进中华民族伟大复兴具有重大而深远的意义。

一、前进道路上的政治保证：坚持和加强党的全面领导

中国式现代化，是中国共产党领导的社会主义现代化。

习近平总书记强调："全面建设社会主义现代化国家、全面推进中华民族伟大复兴，关键在党。"中国共产党的领导是历史的选择、人民的选择。百年来，在党的领导下，我们对于"现代化"内涵的理解经历了一个不断发展和深化的过程。从 1949 年中华人民共和国的成立，到 1956 年社会主义基

本制度的建立，标志着我国开始了独立自主地开展现代化建设。我们党在社会主义革命和建设时期实现了从以发展重工业为中心的工业化，到以先进科学技术为基础的现代农业、现代工业、现代国防和现代科学技术的“四个现代化”的转变。随着对“现代化”一词认识的逐步深化，我们党在这一时期提出了实现“四个现代化”的两步走战略。经过不懈探索，中国通往现代化的道路越走越宽广。我们党在改革开放和社会主义现代化建设新时期，确立了社会主义现代化的战略目标、根本方针、实现途径，提出了面向21世纪的新“三步走”战略。这一战略构想的提出，从理论和实践两个方面极大深化了我们党对社会主义现代化的认识，系统擘画了社会主义现代化的伟大目标。

党的十八大以来，中国特色社会主义进入新时代。以习近平同志为核心的党中央统筹把握中华民族伟大复兴战略全局和世界百年未有之大变局，组织实施了人类历史上规模最大、力度最强的脱贫攻坚战，全面建成了人类有史以来惠及人口最多、规模体量最大的小康社会，带领全党全国各族人民成功经受住了来自政治、经济、意识形态、自然界等方面的风险挑战考验。在新时代开启的第一个十年里，我们党对于道路问题在实践上不断丰富、在认识上不断深入、在战略上不断成熟，系统谋划了分两步走在21世纪中叶建成社会主义现代化强国的战略安排，创造性提出了“中国式现代化”的主要特征和本质要求。这样的道路前所未有，这样的变革没有先例，这样的征程充满挑战。以习近平同志为核心的党中央对以中国式现代化全面推进中华民族伟大复兴的实践路径进行了精准研判和伟大擘画。正如习近平总书记所指出的那样：“我们的现代化既是最难的，也是最伟大的。”中国式现代化之难，“难”就“难”在中国式现代化要在十四亿多人口的发展中大国推进，这一体量超过现有发达国家的人口总和；“难”就“难”在当前我国发展已经进入战略机遇和风险挑战并存、不确定难预料因素增多的时期，各种“黑天鹅”“灰犀牛”事件随时可能发生，新时代的中国式现代化道路面临更多考验。中国式现代化之伟大，就在于中国式现代化具有世界意义：中国式现代化道路，给世界上那些既希望加快发展又希望保持自身独立性的国家和民族提供全新选择，拓展了发展中国家走向现代化的途径。

实践证明，越是形势复杂、任务艰巨，越要把党的领导这个最大优势发挥好。前进道路上，只有坚持和加强党的全面领导，才能确保现代化建设的正确方向，才能使全体人民在风雨来袭时有可靠的主心骨，才能集聚起万众一心、共克时艰的磅礴伟力。

二、前进道路上的鲜明旗帜：坚持中国特色社会主义道路

党的二十大报告指出，“中国特色社会主义是实现中华民族伟大复兴的必由之路”。中国式现代化道路是对中国特色社会主义道路的高度概括和系统总结。关于中国特色社会主义道路是一条什么样的道路，习近平总书记在十八届中央政治局第一次集体学习时就指出，中国特色社会主义道路，既坚持以经济建设为中心，又全面推进经济建设、政治建设、文化建设、社会建设、生态文明建设以及其他各方面建设；既坚持四项基本原则，又坚持改革开放；既不断解放和发展社会生产力，又逐步实现全体人民共同富裕、促进人的全面发展。此后，习近平总书记又在二十大报告中指出，“中国式现代化，是中国共产党领导的社会主义现代化，既有各国现代化的共同特征，更有基于自己国情的中国特色”，中国式现代化是人口规模巨大的现代化，是全体人民共同富裕的现代化，是物质文明和精神文明相协调的现代化，是人与自然和谐共生的现代化，是走和平发展道路的现代化。中国式现代化要求实现高

质量发展，发展全过程人民民主，丰富人民精神世界，实现全体人民共同富裕，促进人与自然和谐共生，推动构建人类命运共同体，创造人类文明新形态。从中国式现代化的中国特色和本质要求可以看出，中国式现代化有“富强、民主、文明、和谐、美丽”等五个前置词，对应的是建设社会主义物质文明、政治文明、精神文明、社会文明、生态文明这五大文明。

“鞋子合不合脚，自己穿了才知道。”今天的中国，已成为世界第二大经济体、第一制造业大国、第一大货物贸易国、第一大外汇储备国……事实充分证明，中国特色社会主义道路不仅走得对、走得通，而且走得稳、走得好，是能够引领中国发展进步、增进人民群众福祉、不断开创光明前景的唯一正确道路。正如习近平总书记指出的那样：“中国发生了翻天覆地变化，其根本原因在于我们找到了一条符合中国国情、顺应时代潮流、得到人民群众拥护支持的正确道路，这就是中国特色社会主义。”我们坚持中国特色社会主义道路，用几十年时间走完了发达国家几百年走过的工业化历程，前进道路上，我们既不能走封闭僵化的老路，也不能走改旗易帜的邪路，无论遇到任何艰难曲折，都要以“风吹浪打不动摇”的坚毅、“咬定青山不放松”的执着，沿着中国特色社会主义道路一以贯之、矢志不渝地走下去，把中国发展进步的命运牢牢掌握在自己手中。

三、前进道路上的根本指向：坚持以人民为中心的发展思想

习近平总书记深刻指出：“只有坚持以人民为中心的发展思想，坚持发展为了人民、发展依靠人民、发展成果由人民共享，才会有正确的发展观、现代化观。”

为了人民而发展，发展才有意义。中国共产党自成立之日起，就把“为

人民谋幸福、为中华民族谋复兴”作为自己的初心和使命，团结带领全国各族人民为民族独立、人民解放和国家富强、人民幸福而不懈奋斗。特别是党的十八大以来，以习近平同志为核心的党中央牢记“国之大者”，带领亿万人民打赢脱贫攻坚战，全面建成小康社会；化解了诸多领域的风险挑战，推动经济高质量发展；战胜了一系列自然灾害，保护了人民群众的生命财产安全……中国共产党为人民而生、因人民而兴，人民是我们党执政的最大底气，是我们强党兴国的根本所在。习近平总书记指出：“我们的目标很宏伟，也很朴素，归根结底就是让全体中国人民都过上好日子。”可以说，中国式现代化是以人的现代化为主题，以实现人的自由全面发展、人的解放为根本旨归的新型现代化。以人的现代化为本质的中国式现代化，实现人的自由全面发展，既是中国共产党的历史使命，也体现了马克思主义的最终目标是实现人的解放，这是对现代化本质的真正复归。

依靠人民而发展，发展才有力量。习近平总书记在二十届中共中央政治局常委同中外记者见面时强调：“前进道路上，无论是风高浪急还是惊涛骇浪，人民永远是我们最坚实的依托、最强大的底气。”人是现代化的主体，也是现代化的客体。在推进中国式现代化的伟大实践中，十四亿多人口所迸发出的澎湃动能不可估量，是中国式现代化稳步前进的重要源泉。

顺应民意而发展，发展成果由人民共享。人心是最大的政治。习近平总书记指出，要“不断实现好、维护好、发展好最广大人民根本利益”。百年来，在党的领导下，推进建设社会主义现代化国家的目标始终与人民的诉求高度一致。从新中国建立之前我们党注重解决农民的土地问题，到新中国成立以后注重解决人民的吃饭问题，从改革开放初期强调要解决人民生活水平提高的发展问题，再到新时代回答实现全体人民共同富裕的时代课题，我们党带领中国人民走出了一条通向实现全体人民共同富裕的康庄大道。中国式现代化不是少数人的现代化，而是发展成果由全体人民共享的现代化。中国式现代化是“以人民为中心”的现代化，这与一些发达国家少数人享受现代化成果的“以资本为中心”的现代化路径有着本质上的区别。新时代，我们要夺取全面建设社会主义现代化国家新胜利，就必须坚定不移地走以人民为中心的中国式现代化之路，维护人民根本利益，增进民生福祉，不断实现发展为了人民、发展依靠人民、发展成果由人民共享。

四、前进道路上的重要法宝：坚持深化改革开放

习近平总书记指出：“改革开放是决定当代中国命运的关键抉择，是当代中国发展进步的活力之源，是党和人民事业大踏步赶上时代的重要法宝，是坚持和发展中国特色社会主义、实现中华民族伟大复兴的必由之路。”

没有改革开放，就没有中国特色社会主义，就没有今天中国兴旺发达的大好局面。从 1978 年到 2022 年，我国国内生产总值由 3679 亿元跃升到 121 万亿元，占世界经济的比重由 1.8% 跃升到 18%；人均国内生产总值由 385 元跃升到 85698 元，由低收入国家成功跨入中等偏上收入国家行列。40 余年来，从冲破“两个凡是”的思想束缚到“实践是检验真理的唯一标准”，从率先实行“大包干”到敢于打破“大锅饭”，从“摸着石头过河”到“杀出一条血路来”……特别是党的十八大以来，以习近平同志为核心的党中央以巨大的政治勇气全面深化改革，打响改革攻坚战，加强改革顶层设计，敢于突进深水区，敢于啃硬骨头，敢于涉险滩，敢于面对新矛盾新挑战，实行更加积极主动的开放战略，开创了我国改革开放新局面，使改革开放成为当代中国最显著的特征、最壮丽的气象。时至今日，改革开放已经在中华民族历史上、世界历史上留下了浓墨重彩的一笔。改革开放极大改变了中国的面貌、

中华民族的面貌、中国人民的面貌、中国共产党的面貌。正如习近平总书记指出的那样：改革开放以来，“我们党引领人民绘就了一幅波澜壮阔、气势恢宏的历史画卷，谱写了一曲感天动地、气壮山河的奋斗赞歌”。

当前，我们面临不少困难和问题。从国内来看，主要是发展不平衡不充分问题仍然突出，推进高质量发展还有许多卡点瓶颈，科技创新能力还不强；确保粮食、能源、产业链供应链可靠安全和防范金融风险还须解决许多重大问题；重点领域改革还有不少硬骨头要啃；等等。从国际上来看，主要是一些西方国家视中国为“最大的战略竞争对手”，凭借他们在经济、技术、金融、军事上的优势，采取各种手段、不惜任何代价来遏制打压中国，无所不用其极。目的就是拖延和打击中国式现代化的顺利实现，以维持现有的国际秩序。越是在西方国家遏制打压的情况下，中国越是要坚持对外开放的基本国策不动摇，越是要更主动地参与经济全球化和国际竞争，把开放的大门越开越大。这既是扩大内需、保持经济持续增长、推动全球经济稳定与复苏的重要举措，也是深度融入世界经济、推进全球经济再平衡的重大战略抉择。只有坚持深化改革，才能解决发展不平衡不充分的问题，着力推动高质量发展；才能优化发展环境，调动企业和科技人员的积极性和创造性，增强自主创新能力，打破西方国家的技术封锁；才能确保粮食、能源资源、重要产业链供应链安全，抵消国际贸易战冲击带来的外部需求减少；才能破除现代化进程中的体制机制障碍，让创造财富的源泉充分涌流，让创新智慧竞相迸发。

五、前进道路上的强大武器：坚持发扬斗争精神

敢于斗争、敢于胜利，是党和人民不可战胜的强大精神力量。党和人民取得的一切成就，都是通过斗争取得的。

世界上没有哪个党像我们这样，遭遇过如此多的艰难险阻，经历过如此多的生死考验。“英勇斗争”是伟大建党精神的重要内涵之一。由此可见，“斗争”一词早在党的创建时期就已经深深烙印在革命先驱们的精神和血脉之中，无论是战火纷飞的革命岁月，还是“战天斗地”的新中国建设时期，再到全力以赴、攻坚克难奋进新时代，斗争精神与党的事业如影随形，贯穿百年，历久弥新。从伟大建党精神出发，斗争精神始终是中国共产党人在革命、建设和改革实践中不断铸就与涵养的宝贵精神品质，支撑着我们党攻克一个又一个难关、不断从胜利走向新的胜利，激励着一代代共产党人前仆后继、浴血奋战，艰苦奋斗、无私奉献。

以斗争求和平则和平存，以妥协求和平而和平亡。当前，世界百年未有之大变局加速演进，世界之变、时代之变、历史之变的特征更加明显。善于从不确定性之中寻得最大确定性，这是新时代中国共产党人的高超智慧和执政经验。共产党人的斗争是有方向、有立场、有原则的，大方向就是坚持中国共产党领导和我国社会主义制度不动摇。有以习近平同志为核心的党中央领航掌舵，中国共产党人和中国人民对于外部风险挑战的应对策略是：凡是危害中国共产党领导和我国社会主义制度的各种风险挑战，凡是危害我国主权、安全、发展利益的各种风险挑战，凡是危害我国核心利益和重大原则的各种风险挑战，凡是危害我国人民根本利益的各种风险挑战，凡是危害我国实现中华民族伟大复兴的各种风险挑战，只要来了，我们就必须进行坚决斗争，而且必须取得斗争胜利。

一切伟大成就都是从接续奋斗中得来的，同样，以中国式现代化全面推进中华民族伟大复兴也需要在继往开来中推进。当今之中国，天下归心，人民豪迈。回顾这十年，中国发展步履铿锵，中国人民幸福安康，中国式现代化建设取得全方位伟大成就，新时代第一个十年的每一步都在镌刻历史、书写奇迹。未来之中国，道阻且长，行则将至。只要我们坚定信心、同心同德，始终坚持和加强党的全面领导，坚持中国特色社会主义道路，坚持以人民为中心的发展思想，坚持深化改革开放，坚持发扬斗争精神，踔厉奋发，砥砺前行，就一定能以更坚实有力的奋进步伐，创造新的辉煌！

23

如何理解推进中国式现代化必将创造人类文明新形态？

回溯历史，文明形态是文明的类型划分，也是文明发展成熟的标志，每一种文明形态有其独特内涵和品质，也有其独特地位和价值，不同文明形态构成人类文明发展的图谱，呈现人类文明演进的历史脉络。迄今为止的人类文明大致经历了三种形态：在“自然共同体”中以公社所有制为根基的原始文明形态，在阶级社会的“虚幻共同体”中形成的奴隶制、农奴制和雇佣劳动制螺旋上升的“对抗”和“分裂”的文明形态，在社会主义和共产主义社会的真正共同体中形成的文明形态。在社会主义的文明形态出现之前，“对抗”和“分裂”一直“存在于整个文明期。奴隶制是古希腊罗马时代世界所固有的第一个剥削形式；继之而来的是中世纪的农奴制和近代的雇佣劳动制。这就是文明时代的三大时期所特有的三大奴役形式”。

从全人类发展进步的角度来看，这些文明形态对于人类文明进步的意义是毋庸讳言的。在人类进入阶级社会以来，这种“对抗”“分裂”和“奴役”的文明形态，特别是作为“内在对抗”的文明形态最高形式的资本主义文明“在历史上曾经起过非常革命的作用”，这主要表现在资本主义社会化大生产的生产方式开创了历史向世界历史的广阔空间，使“狭隘地域性的个人为世界历史性的、真正普遍的个人所代替”。同时，“资产阶级，由于一切生产工具的迅速改进，由于交通的极其便利，把一切民族甚至最野蛮的民族都卷到文明中来了”。概括地说，资本主义文明在一定程度上解决了两个问题：一是政治解放问题，二是生产力的发展问题。就政治解放来说，“资产阶级在它已经取得了统治的地方，把一切封建的、宗法的和田园诗般的关系都破坏了”。“政治解放当然是一大进步；尽管它不是一般人的解放的最后形式，但在迄今为止的世界制度内，它是人的解放的最后形式。”就生产力的发展来说，“资产阶级在它的不到一百年的阶级统治中所创造的生产力，比过去一切世代创造的全部生产力还要多，还要大”。要之，资本主义文明形态的历史进步性体现在“三个有利于”，即“资本的文明面之一是，它榨取这种剩余劳动的方式和条件，同以前的奴隶制、农奴制等形式相比，都更有利于生产力的发展，有利于社会关系的发展，有利于更高级的新形态的各种要素的创造”。但是，既往的这一切以“对立”和“分裂”为特征的文明形态都有一个共同的特征，这就是榨取剩余劳动。资本主义文明自然也不例外。

从上述意义上讲，资本主义的文明形态是有“原罪”的。由于资本主义生产、生活和组织方式在本质上是对立性的，其所造成的资本主义文明形态也必然是对抗性的。正如恩格斯在《反杜林论》中所说：“文明每前进一步，不平等也同时前进一步”。资本主义“文明时代的基础是一个阶级对另一个阶级的剥削”，是“资本增殖逻辑”战胜“人的发展逻辑”的进程，“物的世界的增值同人的世界的贬值成正比”，也是人不断异化为“单向度的人”的过程。因此，生活于资本主义社会中的人，无论现代化在何种程度上解放了个人，无论它给予了个体怎样的权利，它依然无法解决每个人的自由全面的发展问题，更遑论找到解决全人类发展问题的道路。

人类历史是曲折性和前进性的辩证统一，人类文明新形态是合规律性和合目的性的联袂共生。“在资产阶级社会的胎胞里发展的生产力，同时又创造着解决这种对抗的物质条件。因此，人类社会的史前时期就以这种社会形态而告终。”可见，资本主义文明形态注定是一项“未竟的事业”。如何完成这一“未竟的事业”，终结人类社会的“史前史”，创造真正的“人类的社会”的历史，既是马克思主义的历史使命，也是人类文明发展的客观规律和必然趋势。因应这一历史使命，遵循这一历史规律，中国共产党带领人民在古老的东方大国走出了一条中国式的现代化之路，秉承以人民至上超越资本至上、以共同富裕超越两极分化、以人的全面自由发展超越物质主义膨胀、以世界各国一律平等、共同进步超越霸权主义的发展逻辑，坚持中华文明的特殊性与人类文明的普遍性的有机统一，创造了人类文明的全新形态。习近平总书记指出，“在人类文明发展史上，除了中国特色社会主义制度和国家治理体系外，没有任何一种国家制度和国家治理体系能够在这样短的历史时期内创造出我国取得的经济快速发展、社会长期稳定这样的奇迹”。中国式现代化开辟了发展中国家走向现代化的新路径，打破了只有西方资本主义道路才能实现现代化的神话，也用事实宣告了“历史终结论”的破产，宣告了各国最终都要以西方制度模式为归宿的单线式历史观的破产。习近平总书记在庆祝中国共产党成立100周年大会上指出：“我们坚持和发展中国特色社会主义，推动物质文明、政治文明、精神文明、社会文明、生态文明协调发展，创造了中国式现代化新道路，创造了人类文明新形态。”在这一新的形态文明的滋养下，中华民族伟大复兴进入了不可逆转的历史进程，并深刻影响和塑造了“东升西降”的世界格局。

那么，中国式现代化创造出的全新的人类文明形态，具体“新”在哪里？

一、“新”在“文脉结合”

党和人民事业是人类进步事业的重要组成部分。在新进中央委员会的委员、候补委员和省部级主要领导干部学习贯彻习近平新时代中国特色社会主义思想和党的二十大精神研讨班开班式上，习近平总书记指出“中国式现代化，深深植根于中华优秀传统文化，体现科学社会主义的先进本质，借鉴吸收一切人类优秀文明成果，代表人类文明进步的发展方向，展现了不同于西方现代化模式的新图景，是一种全新的人类文明形态”，强调“中国式现代化为广大发展中国家独立自主迈向现代化树立了典范，为其提供了全新选择”。

二、“新”在“理论跃迁”

中国式现代化道路是对“西方中心主义”的超越。现代化理论中传统的看法认为现代化本质上是西方化。西方社会现代化过程所表现出来的现代性特征正是不发达国家现代化必须仿效、照搬的一般特征，西方发达国家所经历的道路正是不发达国家要重复走的道路。但各个国家实现现代化的进程，绝不仅仅只有一种实现方式、一条道路、一种模式。习近平总书记指出：“一个和平发展的世界应该承载不同形态的文明，必须兼容走向现代化的多样道路。”中国式现代化道路是党带领人民历经百年奋斗自主探索出来的，走上社会主义道路是历史的必然，选择通过社会主义来实现现代化也是历史的必然。

三、“新”在“道路开辟”

中国式现代化道路打破了对西方现代化道路和模式的依赖，为人类指明了一条实现现代化的崭新道路。西方现代化理论认为：早发国家的现代化属于凭借其自身力量发展起来的内生式现代化，而后发国家只有依靠输入外来的西方文明才能发动和推进现代化进程。但事实说明，人类历史上没有一个民族、一个国家可以通过依赖外部力量、照搬外国模式、跟在他人后面亦步亦趋实现强大和振兴。现代化作为由传统社会向现代社会动态的、渐进的转化过程，在推进与国际接轨的同时不可能脱离具体国家的特定社会基础，因此，中国式现代化道路不照搬任何现成模式，而是从本国实际出发，走出一条自己的现代化之路。

四、“新”在“人民至上”

马克思、恩格斯认为，“只有在共同体中，个人才能获得全面发展其才能的手段，也就是说，只有在共同体中才可能有个人自由”。中国式现代化道路就是一条致力于促进人的全面发展的道路，对此，习近平总书记指出，“在全面建设社会主义现代化国家新征程中，我们必须把促进全体人民共同富裕摆在更加重要的位置，脚踏实地、久久为功，向着这个目标更加积极有为地进行努力，促进人的全面发展和社会全面进步”。共同富裕是社会主义的一项本质要求，是坚持人民立场在发展成果、财富分配上的体现，这决定了社会主义现代化坚持以人为本、以人民为中心的价值原则，区别于西方以资本为本的现代化逻辑。中国式现代化强调要在促进人的全面发展上取得实质性进展，必须扎实推进共同富裕。在这个奋斗目标上，中国式现代化旨在保证社会劳动生产力高度发展的同时又保证每个生产者个人最全面的发展，即坚持公平正义，把不断实现人民对美好生活的向往作为奋斗目标，在不断解放和发展社会生产力的同时，让现代化成果更多更公平惠及全体人民，推动、促进人的全面发展。

五、“新”在“和平发展”

中华民族崇尚和平，推崇国家关系、民族关系之和，没有对外侵略的传统，没有对外扩张的野心，和平、和睦、和谐是中华文明的基因。中国式现代化道路是对西方传统“国强必霸”“文明冲突论”和“零和博弈”等思维方式和扩张、掠夺现代化模式与理论的超越。纵观西方现代化的发展进程，大多与扩张主义、霸权主义、对外侵略联系在一起，伴随着殖民、掠夺，走的是对外推行霸权主义、殖民主义、零和博弈的发展之路。中国式现代化道路摒弃了西方资本主义国家对外扩张掠夺的现代化老路，建立了以“互利互惠、合作共赢”为对外合作原则的新路。中国式现代化道路不是凭借武力和战争崛起的现代化，不是殖民主义和霸权主义的现代化，不是社会达尔文主义和零和博弈的现代化，而是和平发展的现代化，是平等互利、合作共赢的现代化，是推进经济全球化、构建人类命运共同体的现代化。

六、“新”在“共赢共享”

实现现代化是世界各国人民的共同追求。无论哪种文明类型，如果背离人类文明发展的统一性和共同趋向，文明的发展就会“脱轨”，最终会被世界文明发展的大势所淘汰；如果适应人类文明发展的统一性和共同趋向，跟随人类文明发展大潮，文明发展就能步入正轨。和平、发展、合作、共赢，这是人类文明发展的大势，是全人类共同的诉求。习近平总书记在庆祝中国共产党成立 100 周年大会上的讲话强调，“我们必须高举和平、发展、合作、共赢旗帜”“推动建设新型国际关系，推动构建人类命运共同体”。人类文明新形态是倡导和平、发展、合作、共赢的文明形态，是有效解决贫困、战争、种族歧视、重大传染疾病、生态危机的文明形态，是体现“世界文明发展的统一和趋向”的文明形态，符合人类文明发展规律，展现了人类文明发展的光明前景。

人类文明随时代发展而不断演进，中国共产党作为世界第一大执政党，中国作为世界第二大经济体，必然负有引领人类文明发展的历史赋予责任。人类文明新形态概念的提出，既回答了实现中华民族伟大复兴的目标，又指明了人类文明发展的方向，进而开启了一段专属于中华民族的引领时代发展、文明发展的新征程，这是中国共产党对于人类文明发展的重要贡献。

24

如何理解中国式现代化的目标就是不断实现人民对美好生活的向往？

江山就是人民，人民就是江山。习近平总书记指出：“我们要坚持人民至上，只要是人民群众欢迎、咧嘴笑的事，再难也要干到底；只要是人民群众不高兴、撇嘴的事，就坚决不要干！”

在我们党一百多年的奋斗历程中，和人民同甘共苦、为人民过上好日子而奋斗始终是共产党人的不懈追求。20 世纪 30 年代，在红军长征途中，3 位红军女战士借宿在湖南省汝城县沙洲村徐解秀老人家中，临走时，把自己仅有的一床被子剪下一半给老人留下。老人说，什么是共产党？共产党就是自己有一条被子，也要剪下半条给老百姓的人。20 世纪 50 年代，面对残酷的风沙侵袭，时任福建省东山县委书记谷文昌带领干部群众与风灾、旱灾抗争，植树造林，兴修水利，改善交通，发展生产，把一个风沙肆虐的荒岛变成生机盎然的东海绿洲。谷文昌病逝后，当地群众把他的骨灰埋在东山岛，形成了“先祭谷公”的风俗。党的十八大以来，中国特色社会主义进入新时代，在以习近平同志为核心的党中央坚强领导下，党和国家事业取得历史性成就、发生历史性变革，我国发展站到了新的历史起点上，人民群众对美好生活的向往不断变为现实。

一是经济更加发展。我国经济实力实现历史性跃升。国内生产总值由2012年的53.9万亿元增长到2022年的121万亿元；2013—2021年，国内生产总值年均增长6.6%，高于同期世界2.6%和发展中经济体3.7%的平均增长水平，世界第二大经济体地位得到巩固提升。基础研究和原始创新不断加强，一些关键核心技术实现突破，载人航天、探月探火、深海深地探测、超级计算机、卫星导航、量子信息、核电技术、新能源技术、大飞机制造、生物医药等取得重大成果，我国进入创新型国家行列。建成世界上最大的高速铁路网、高速公路网，群众出行、货物运输更加安全快捷。面对突如其来的新冠疫情，统筹疫情防控和经济社会发展取得重大积极成果。当前，国际形势继续发生深刻复杂变化，国内改革发展稳定任务艰巨繁重，但我国经济韧性强、潜力足、回旋余地广，长期向好的基本面不会改变，完全有条件有能力稳定宏观经济大盘，保持经济运行在合理区间。

二是民主更加健全。我们党深化对民主政治发展规律的认识，提出全过程人民民主的重大理念。我国全过程人民民主不仅有完整的制度程序，而且有完整的参与实践，实现了过程民主和成果民主、程序民主和实质民主、直接民主和间接民主、人民民主和国家意志相统一，是最广泛、最真实、最管用的社会主义民主。我国实行工人阶级领导的、以工农联盟为基础的人民民主专政的国体，实行人民代表大会制度的政体，实行中国共产党领导的多党合作和政治协商制度、民族区域自治制度、基层群众自治制度等基本政治制度，巩固和发展最广泛的爱国统一战线，形成了全面、广泛、有机衔接的人民当家作主制度体系。在我国全过程人民民主实践中，全体人民依法实行民主选举、民主协商、民主决策、民主管理、民主监督，依法通过各种途径和形式管理国家事务，管理经济和文化事业，管理社会事务，当家作主的权利进一步落到实处。

三是文化更加繁荣。我国文化建设为新时代坚持和发展中国特色社会主义、开创党和国家事业全新局面提供了坚强思想保证和强大精神力量。党对宣传思想文化工作的领导全面加强，凝聚起全面建成小康社会、实现中华民族伟大复兴的磅礴力量。党的理论创新全面推进，习近平新时代中国特色社会主义思想深刻地改变着中国、影响着世界。社会主义核心价值观和中华优秀传统文化广泛弘扬，主流舆论不断巩固壮大，网络空间日益清朗，全国各族人民精神面貌更加奋发昂扬。文艺创作持续繁荣，公共文化服务水平不断提高，文化事业和文化产业繁荣发展，为人民提供了更多更好的精神食粮。

四是生态更加优美。我们党坚持绿水青山就是金山银山的理念，坚持山水林田湖草沙一体化保护和系统治理，全方位、全地域、全过程加强生态环境保护，生态文明制度体系更加健全，生态环境保护发生历史性、转折性、全局性变化。2022 年，地级及以上城市细颗粒物 (PM2.5) 平均浓度下降 27.5%，重污染天数下降超过五成，全国地表水优良水体比例由 67.9%上升到 87.9%，我们的祖国天更蓝、山更绿、水更清。

与此同时，新时代以来，在以习近平同志为核心的党中央高度关注下，社会建设取得突破性进展和标志性成果，在收入分配、就业、教育、社会保障、医疗卫生、住房保障等方面推出一系列重大举措，《中国教育现代化 2035》《关于深化医疗保障制度改革的意见》《“健康中国 2030”规划纲要》《国家积极应对人口老龄化中长期规划》《关于支持浙江高质量发展建设共同富裕示范区的意见》等一系列顶层设计纷纷出台，为新时代进一步深化社会建设与民生保障事业发展提供了清晰的目标指向和行动方案，民生保障事业实现全方位跃升。

一是绝对贫困问题得到历史性解决。经过党的十八大以来的持续奋斗，我国现行标准下9899万农村贫困人口全部脱贫，832个贫困县全部摘帽，12.8万个贫困村全部出列。其中，原来生存环境极其恶劣的960多万贫困人口的贫困问题通过易地搬迁得到根治。脱贫攻坚战的全面胜利，使困扰中华民族几千年的绝对贫困问题得到历史性解决，赢得国际社会广泛认同和高度赞誉。联合国秘书长古特雷斯评价道："过去10年，中国是为全球减贫作出最大贡献的国家"。

二是人民生活水平实现历史性跨越。2022年，全年全国居民人均可支配收入36883元，每百户家庭拥有汽车达到60辆；常住人口城镇化率达65.22%，比2021年提高约0.5个百分点。文化旅游、健身休闲已经成为大众消费、时尚消费，城乡居民精神生活越来越丰富。2017年，我国居民恩格尔系数为29.3%，根据联合国的划分标准，跨入富足区间。2018年至2022年我国居民恩格尔系数基本保持在富足区间，人民生活水平实现历史性跨越。

三是教育事业全方位跃升。财政性教育经费支出占GDP之比在2012年首次突破4%后，连续保持在4%以上，奠定了教育事业高质量发展的坚实基础。从2012年到2022年，全国幼儿入园率、义务教育巩固率、高中阶段毛入学率均有不同程度提升。其中，高等教育毛入学率从30%提高到59.6%，进入世界公认的高等教育普及化阶段。目前，我国接受高等教育的人口达2.4亿，新增劳动力平均受教育年限达13.8年。这些数据反映了我国教育事业的全方位跃升和国民素质的快速提高。

四是就业发展全方位跃升。就业是民生之本、财富之源。党中央高度重视就业工作，坚持就业优先战略，实施更加积极的就业政策，2019年《政府工作报告》首次将就业优先政策置于宏观政策层面。2012年以来，我国城镇新增就业年均1300万人以上，失业率稳定保持在较低水平；就业结构不断优化，第三产业就业人数占比从36.1%提高到2022年的47.1%；就业质量不断提升，就业人员工资大幅增加，城镇非私营单位、私营单位就业人员年均工资分别从 46769 元、28752 元增长到 106837 元、62884 元，外出农民工人均月收入从 2290 元增长到 2021 年的 4432 元。就业歧视和侵害劳动者合法权益等突出问题的解决取得积极进展。

五是社会保障事业全方位跃升。新时代我国社会保障事业步入全面发展快车道，建立了世界规模最大的社会保障体系，呈现出与国民经济相得益彰的发展局面。从 2012 年到 2022 年，全国基本养老保险参保人数由 7.9 亿增加到 10.5 亿；基本医疗保险参保人数由 5.4 亿增加到 13.4 亿，个人卫生支出占卫生总费用的比例从 2015 年的 29.27% 降至 2020 年的 27.7%，全民医保目标基本实现；社会救助实现应救尽救，全国城市和农村低保平均标准分别从 2012 年的每人每月 330 元、172 元，增长到 2022 年底的每人每月 752 元、582 元；面向老年人、儿童及残疾人的福利事业也在不断发展。

六是医疗卫生事业全方位跃升。从 2012 年到 2022 年，我国医疗卫生服务能力明显增强，全国医疗卫生机构床位、卫生技术人员、每千人口执业（助理）医师、注册护士和每万人口全科医生等主要医疗卫生指标均大幅提升，城乡居民看病难问题得到有效缓解，人民群众医疗负担持续减轻，被世界卫生组织评为全球十个妇幼健康高绩效国家之一。面对肆虐全球的新冠疫情，我们毫不动摇坚持“动态清零”总方针，我国新冠感染肺炎死亡病例数、住院病例数远低于全球平均值，最大限度保护了人民生命安全和身体健康，充分体现了我们党坚持人民至上、生命至上的价值取向和社会主义制度优越性。

七是住房保障全方位跃升。从 2012 年到 2019 年，城镇居民人均住房建筑面积从 32.9 平方米增加到 39.8 平方米；农村居民人均住房建筑面积从 37.1 平方米增加到 48.9 平方米；新建住房质量不断提高，人居环境不断优化。特别是在保障低收入家庭住房方面成效巨大，2012 年以来，改造棚户区住房四千二百多万套，改造农村危房二千四百多万户，城乡居民住房条件明显改善。坚持“房住不炒”理念，加快完善以公租房、保障性租赁住房和共有产权住房为主体的住房保障体系，城乡居民住房保障得到全方位加强。

十多年来，我国社会建设领域取得的辉煌成就和民生保障实现的显著跃升，中国人民的获得感、幸福感、安全感已经更加充实、更有保障、更可持续。在党的二十大报告中，习近平总书记继续着眼全面建设社会主义现代化国家的目标任务，对增进民生福祉、提高人民生活品质作出重要部署：“必须坚持在发展中保障和改善民生，鼓励共同奋斗创造美好生活，不断实现人民对美好生活的向往。”

那么，为什么总书记这么关注人民对于美好生活的向往，又是为什么要将“不断实现人民对美好生活的向往”作为中国式现代化的目标任务郑重提出来呢?

第一，在推进中国式现代化过程中，不断实现人民对美好生活的向往，是我们党初心使命的集中体现。我们党从成立之日起，就把为中国人民谋幸福、为中华民族谋复兴作为初心使命，团结带领中国人民为创造美好生活进行了长期奋斗。党领导人民打土豪、分田地；领导人民开展抗日战争、赶走日本侵略者，领导人民推翻三座大山、建立新中国；领导人民开展社会主义革命和建设、改变一穷二白的国家面貌；领导人民实行改革开放、推进社会主义现代化、实现中华民族伟大复兴。党的百年奋斗史就是为人民根本利益而斗争的历史，就是践行党的初心使命的历史。完成脱贫攻坚、全面建成小康社会的历史任务，实现第一个百年奋斗目标，是彪炳中华民族发展史册的历史性胜利。在向第二个百年奋斗目标迈进的新征程上，要继续在让老百姓过上更加美好生活的奋斗中践行初心使命。

第二，在推进中国式现代化过程中，不断实现人民对美好生活的向往，是我们党长盛不衰的奥秘所在。马克思、恩格斯在《共产党宣言》中指出：“过去的一切运动都是少数人的，或者为少数人谋利益的运动。无产阶级的运动是绝大多数人的，为绝大多数人谋利益的独立的运动。”作为马克思主义政党，我们党的章程开宗明义：中国共产党是中国工人阶级的先锋队，同时是中国人民和中华民族的先锋队。我们党没有自己特殊的利益，在任何时候都把群众利益放在第一位。为人民而生，因人民而兴，始终同人民在一起，为人民利益而奋斗，是我们党立党兴党强党的根本出发点和落脚点。不断实现人民对美好生活的向往，赢得人民信任，得到人民支持，党就能克服任何困难，无往而不胜。

第三，在推进中国式现代化过程中，不断实现人民对美好生活的向往，是大力弘扬伟大建党精神的必然要求。坚持真理、坚守理想，践行初心、担当使命，不怕牺牲、英勇斗争，对党忠诚、不负人民的伟大建党精神，是中国共产党的精神之源。一百多年来，为了争取民族独立、人民解放和实现国家富强、人民幸福，我们党弘扬伟大建党精神，团结带领人民创造了新民主主义革命的伟大成就，创造了社会主义革命和建设的伟大成就，创造了改革开放和社会主义现代化建设的伟大成就，创造了新时代中国特色社会主义的伟大成就，书写了中华民族几千年历史上最恢宏的史诗，中华民族伟大复兴展现出前所未有的光明前景。在新征程上不断实现人民对美好生活的向往，面临的风险和考验一点也不会比过去少。实现国家富强、民族复兴、人民幸福的中国梦，必须继续弘扬伟大建党精神，以咬定青山不放松的执着奋力实现既定目标。

当前，不断实现人民对美好生活的向往，关键在于实现好、维护好、发展好最广大人民根本利益，紧紧抓住人民最关心最直接最现实的利益问题，坚持尽力而为、量力而行，深入群众、深入基层，采取更多惠民生、暖民心举措，着力解决好人民群众急难愁盼问题，健全基本公共服务体系，提高公共服务水平，增强均衡性和可及性，扎实推进共同富裕。

征程波澜壮阔，初心历久弥坚。全面建设社会主义现代化国家，是一项伟大而艰巨的事业，前途光明，任重道远。前进道路上，无论是风高浪急还是惊涛骇浪，人民永远是我们最坚实的依托、最强大的底气。新征程上，我们要始终坚持一切为了人民、一切依靠人民，与人民风雨同舟、与人民心心相印，想人民之所想，行人民之所嘱，不断把人民对美好生活的向往变为现实！

25

为什么推进中国式现代化要实现高质量发展？

实现什么样的发展、怎样实现发展，这是中国共产党领导人民治国理政必须回答好的重大问题。回顾百年党史，我们党在领导全国人民进行革命、建设和改革过程中，不断总结正反两方面经验，从我国的历史传统、文化积淀和基本国情出发，把握不同阶段的历史性特征，进行富有智慧的实践探索，及时上升为思想理论，更为科学地指导实践，创造了经济快速发展和社会长期稳定两大奇迹。

实践不断推进，社会不断发展，认识也在不断深化。随着我国社会主要矛盾转化为人民日益增长的美好生活需要和不平衡不充分的发展之间的矛盾，过去那种低水平的、粗放式的发展，在各行各业都难以为继了。

习近平总书记对此看得深、想得透。在起草“十四五”规划和2035年远景目标建议的过程中，他明确提出，“高质量发展不能只是一句口号，更不是局限于经济领域”；在党的十九届五中全会上，他又进一步指出，“经济、社会、文化、生态等各领域都要体现高质量发展的要求”。习近平总书记在党的二十大报告中对全面建设社会主义现代化国家战略布局进行了科学谋划，明确指出“高质量发展是全面建设社会主义现代化国家的首要任务”，强调“我们要坚持以推动高质量发展为主题”。这是在深入分析我国发展新的历史条件和阶段、全面认识和把握我国现代化建设实践历程以及各国现代化建设一般规律的基础上，作出的一个具有全局性、长远性和战略性意义的重大判断。奋进新征程、建功新时代、创造新伟业，我们必须认真学习领会高质量发展的历史逻辑、深刻内涵和实践要求，切实把推动高质量发展的要求贯彻到经济社会发展的全过程各领域。

从理论上看，高质量发展是我们党把握发展规律从实践认识到再实践再认识的重大理论创新。经济发展理论必须与时俱进。马克思主义的认识论强调，新理论产生于新实践，新实践需要新理论指导。党的十八大以来，以习近平同志为核心的党中央作出经济发展面临“三期叠加”、经济发展进入新常态等判断，强调不能简单以生产总值增长率论英雄，必须深化供给侧结构性改革，以提高经济增长质量和效益为立足点。推动高质量发展的重要论述，连同经济发展新常态、深化供给侧结构性改革、统筹发展和安全、贯彻新发展理念、构建新发展格局等，成为习近平新时代中国特色社会主义经济思想的重要组成部分，是马克思主义政治经济学的最新成果。这些重要思想是党的十八大以来我国经济发展取得历史性成就、发生历史性变革的根本思想保证，是全面建设社会主义现代化国家过程中必须长期坚持的重要指导思想。

从历史上看，高质量发展是我们党在推动经济建设不断向高级形态迈进过程中形成的。走向高质量发展是一个历史过程。新中国成立初期，我国经济社会发展面临一穷二白的局面，国家集中资源短时间内建立起独立的比较完整的工业体系和国民经济体系。党的十一届三中全会强调，要把全党工作的着重点和全国人民的注意力转移到社会主义现代化建设上来，提出改革开放的任务。党的十二大提出到20世纪末力争使全国工农业年总产值翻两番的经济建设目标。此后一段时间，我国经济经历了加速发展的阶段，生产潜力不断得到释放，生产要素有效利用，经济规模越来越大。与此同时，经济增长方式较为粗放，经济结构不合理，能源、资源、环境等约束日益凸显，经济发展方式转变问题日益引起党中央的高度重视。党的十八大以来，中国特色社会主义进入了新时代，党中央提出要适应、把握、引领经济发展新常态，坚定不移贯彻新发展理念。党的十九大根据发展阶段和社会主要矛盾重大变化，经过充分论证，明确提出我国经济已由高速增长阶段转向高质量发展阶段。

从实践上看，全面建设社会主义现代化国家是一项伟大而艰巨的事业，高质量发展是首要任务，也是基本路径。无论是解决发展起来以后的问题还是实现人民对美好生活的向往，无论是推动乡村全面振兴还是实现全体人民共同富裕，都需要始终抓好发展这个“党执政兴国的第一要务”，牢牢把握发展这个“解决中国一切问题的关键”。当前，我国发展面临新的战略机遇、新的战略任务、新的战略阶段、新的战略要求、新的战略环境。现阶段，我国生产函数正在发生变化，经济发展的要素条件、组合方式、配置效率发生改变，面临的硬约束明显增多，资源环境的约束越来越接近上限，碳达峰碳中和成为我国中长期发展的重要框架，高质量发展和科技创新成为多重约束下求最优解的过程。在全面建设小康社会阶段，我们主要解决的是量的问题；在全面建设社会主义现代化国家阶段，必须解决好质的问题，在质的大幅提升中实现量的持续增长。

历史行进到新时代，高质量发展已成为全面建设社会主义现代化国家的首要任务。党的十八大以来，以习近平同志为核心的党中央团结带领全党全国人民坚持贯彻新发展理念，着力推动经济发展质量变革、效率变革、动力变革，主动积极应对世界百年未有之大变局叠加世纪疫情带来的种种新风险新挑战，解决了许多长期没有解决的发展难题，办成了许多事关长远的大事要事，国家经济实力、科技实力、综合国力和国际影响力都跃上一个大台阶。

一是我国经济实力实现历史性跃升。党的十八大以来，截至2021年底，国内生产总值从54万亿元增长到114万亿元，经济总量占世界经济的比重达18.5%，提高7.2个百分点，稳居世界第二位。2013年至2021年，我国对世界经济增长的平均贡献率达到38.6%，超过G7国家贡献率的总和，是推动世界经济增长的第一动力。即便面对全球经济发展不稳定不确定因素持续增多的复杂形势，我国经济韧性强、潜力大、活力足，长期向好的基本面没有变，也不会改变。

二是我国进入创新型国家行列。我国科技创新事业坚持面向世界科技前沿、面向经济主战场、面向国家重大需求、面向人民生命健康，加快实现高水平科技自立自强。全社会研发经费支出从1万亿元增加到2.8万亿元，居世界第二位，研发人员总量居世界首位；基础研究和原始创新不断加强，一些关键核心技术实现突破，战略性新兴产业发展壮大。随着科技创新实力提升，我国深度参与国际前沿创新，为解决各类全球性问题作出了重要贡献。

三是我国城乡区域发展的协调性增强。我国制定一系列具有全局性意义的区域重大战略，推进以人为核心的新型城镇化，坚持城乡融合发展，城乡一体化发展水平持续提升，区域协调发展格局进一步优化。经过多年发展，我国城镇化率达到64.7%。农村居民收入水平不断提升，城乡居民人均可支配收入差距由2.88 ∶ 1降至2.5 ∶ 1。

四是我国生态环境保护发生历史性、转折性、全局性变化。我们坚持绿水青山就是金山银山的理念，坚持山水林田湖草沙一体化保护和系统治理，全方位、全地域、全过程加强生态环境保护，生态文明制度体系更加健全，加快发展方式绿色转型。经过努力，单位国内生产总值二氧化碳排放量累计下降约 34%，风电、光伏发电等绿色电力的装机容量居世界第一，建成了世界最大的清洁发电体系，空气质量和地表水水质持续提升，绿色成为经济社会发展的鲜明底色。

五是我国形成更大范围、更宽领域、更深层次对外开放格局。我们实行更加积极主动的开放战略，着力构建面向全球的高标准自由贸易区网络，我国已成为 140 多个国家和地区的主要贸易伙伴。同时，加快推进自由贸易试验区、海南自由贸易港建设，共建“一带一路”成为深受欢迎的国际公共产品和国际合作平台。

六是我国人民生活全方位改善。我们坚持维护人民根本利益、增进民生福祉，在幼有所育、学有所教、劳有所得、病有所医、老有所养、住有所居、弱有所扶上持续用力。历史性地解决了绝对贫困问题，近 1 亿农村贫困人口实现脱贫，建成世界上规模最大的教育体系、社会保障体系、医疗卫生体系，人民群众获得感、幸福感、安全感更加充实、更有保障、更可持续，共同富裕取得新成效。

新时代以来，我们党团结带领人民，采取一系列战略性举措，推进一系列变革性实践，实现一系列突破性进展，取得一系列标志性成果，推动我国迈上全面建设社会主义现代化国家新征程。习近平总书记在党的二十大报告中强调，“高质量发展是全面建设社会主义现代化国家的首要任务。发展是党执政兴国的第一要务。没有坚实的物质技术基础，就不可能全面建成社会主义现代化强国。”“发展新质生产力是推动高质量发展的内在要求和重要着力点，必须继续做好创新这篇大文章，推动新质生产力加快发展。”习近平总书记在主持二十届中央政治局第十一次集体学习时，就扎实推进高质量发展发表重要讲话。讲话回顾总结新时代以来党中央推动高质量发展取得的丰硕成果，客观分析制约高质量发展的问题因素，全面阐明以加快发展新质生产力推动高质量发展的现实意义、方法路径和重要举措。当前，我国经济已转向高质量发展阶段，经济社会发展必须以推动高质量发展为主题。推动高质量发展是遵循经济发展规律、保持经济持续健康发展的必然要求，是适应我国社会主要矛盾变化、解决发展不平衡不充分问题的必然要求，是有效防范化解各种重大风险挑战、以中国式现代化全面推进中华民族伟大复兴的必然要求。只有努力实现更高质量、更有效率、更加公平、更可持续、更为安全的发展，人民美好生活和社会事业发展、文化事业繁荣、生态环境美好、国际地位提升、安全能力增强等各方面建设的物质条件才能不断得到夯实，全面建成社会主义现代化强国才能有更为坚实的物质技术基础。

新征程是充满光荣和梦想的远征，在大变局中掌握战略主动，在大挑战中用好战略机遇，关键在于办好中国自己的事。把实施扩大内需战略同深化供给侧结构性改革有机结合起来，有助于增强国内大循环内生动力和可靠性；坚持教育优先发展、科技自立自强、人才引领驱动，有助于提高全要素生产率；建设现代化产业体系，有助于提升产业链供应链韧性和安全水平；推进城乡融合和区域协调发展，有助于构建优势互补、高质量发展的区域经济布局和国土空间体系……高质量发展和高水平安全是一体两翼的统一整体，只有推动高质量发展才能确保重要产业、基础设施、战略资源、重大科技等关键领域安全可控，为有效防范化解各种重大风险挑战、推动现代化建设行稳致远提供坚实保障。高质量发展不仅是对经济工作的要求，而且是贯通社会主义现代化建设各方面各领域各环节的要求。充分认识高质量发展对全面建设社会主义现代化国家的重大意义，坚定不移把思想和行动统一到以习近平同志为核心的党中央决策部署上来，我们一定能确保中国式现代化持续顺利推进，不断夺取全面建设社会主义现代化国家新胜利。

26

为什么推进中国式现代化要丰富人民精神世界？

物质贫困不是社会主义，精神贫乏也不是社会主义。党的二十大报告提出了“以中国式现代化全面推进中华民族伟大复兴”的使命任务，强调中国式现代化的本质要求之一就是要“丰富人民精神世界”。为什么说推进中国式现代化要丰富人民精神世界？这需要从精神世界的丰富内涵及重大意义来进行把握。

首先，什么是“精神世界”？精神世界即人的主观世界，是人在实践活动和社会关系中所形成的知识经验、思想意识、伦理道德、信念信仰、审美活动等精神空间和内在意蕴，生动体现人的能力素质、品德修养、精神境界等综合性整体性特质。精神生活是实践感知方式，而精神世界是包括精神生活在内的全部思想意识活动和精神价值的体现呈现，是文化建设的发展过程和发展方式。一个人的精神世界丰富与否，影响和决定着人的社会实践能力和成果；一个国家的人民精神世界丰富与否，影响和决定着整个社会的进步与发展。

从历史上看，丰富人民精神世界是我们党推进现代化始终坚持的优良传统。一个民族的复兴需要强大的物质力量，也需要强大的精神力量。我们党始终注重物质文明和精神文明的协调发展。毛泽东同志就曾提出：“我们不但要把一个政治上受压迫、经济上受剥削的中国，变为一个政治上自由和经济上繁荣的中国，而且要把一个被旧文化统治因而愚昧落后的中国，变为一个被新文化统治因而文明先进的中国。”党的十一届三中全会以来，党中央高度重视物质文明和精神文明的协调发展，强调物质文明和精神文明“两手抓、两手都要硬”，力争在建设高度物质文明的同时，提高全民族的科学文化水平，发展丰富多彩的群众文化生活，建设高度的社会主义精神文明。党的十八大以来，以习近平同志为核心的党中央确立和坚持马克思主义在意识形态领域指导地位的根本制度，深入推动社会主义核心价值观广泛传播，不断满足人民群众多样化、多层次、多方面的精神文化需求，为实现中华民族伟大复兴的中国梦注入了更加主动的精神力量。

从当前来看，丰富人民精神世界承载着新时代人民对美好生活的向往和期盼。实现人民对美好生活的向往是中国共产党的一贯追求，更是新时代新征程的价值引领与奋斗目标。中国共产党作为中国人民的主心骨，始终立足人民日益增长的美好生活需要的现实，以社会主义精神文明建设为重要内容，强调在物质文明发展的同时，不断满足人民群众日益增长的精神文化需求，把改善人民物质生活和精神生活结合起来，促进物的全面丰富和人的全面发展。改革开放以来，我们党明确提出要一手抓物质文明，一手抓精神文明，在推动经济快速发展的同时，大力加强社会主义精神文明建设，促进社会主义先进文化繁荣发展。党的十八大以来，以习近平同志为核心的党中央把文化建设作为“五位一体”总体布局、“四个全面”战略布局重要内容，推动我国文化建设取得历史性成就、发生历史性变革。国家层面就推进文化发展作出一系列重大部署，推动社会主义文化强国发展蓝图不断变为现实。推动文化产业高质量发展、深化文化科技融合、促进创意创新发展、引导文化消费、推动对外文化贸易……新时代以来，文化政策的激励作用得到极大彰显，努力推动文化产业成为国民经济支柱性产业，文化产业提质增效并在促进国民经济转型升级方面发挥重要作用。各领域取得的丰硕文化成果，很好满足了人民群众的精神文化需求，坚定了文化自信，增强了中华文化影响力。

从物质文明与精神文明的关系来看，丰富人民精神世界是扎实推进全体人民共同富裕的内在要求。中国式现代化是全体人民共同富裕的现代化。共同富裕是社会主义的本质要求，强调的是人民群众物质生活和精神生活都富有。改革开放四十多年来，我国经济持续稳定发展，人民的物质生活条件得到极大改善。目前，我们党已经带领全国人民完成脱贫攻坚、全面建成小康社会的第一个百年奋斗目标。在这样的现实背景下，人民的精神生活需求会更加凸显。“仓廪实而知礼节，衣食足而知荣辱。”人民的物质生存需求得到满足之后，必然会有社交、尊重及自我实现等精神层次的需求。满足人民的精神生活需求，是扎实推进全体人民共同富裕的内在要求，是我们党实现为人民谋幸福为民族谋复兴的初心使命的必然选择。

面向未来，丰富人民精神世界是我们应对未来挑战的有力武器。对个人来说，丰沛的精神世界既是个人成长进步的重要标志，又是个人立足社会的重要条件；对于一个民族来说，高度的精神文明则既是其发展进步、生生不息的重要保障，又是其屹立于世界民族之林的重要基石。习近平总书记指出：“当高楼大厦在我国大地上遍地林立时，中华民族精神的大厦也应该巍然耸立。”物质生活的享受是有上限的，而精神生活的追求是无止境的。过于追求物质生活而不重视精神生活，人们就有可能堕入到享乐主义、消费主义、拜金主义甚至是历史虚无主义中去。

那么，怎么样丰富人民的精神世界？需要明白，人民的精神世界绝不是作漫无边际无规则的精神布朗运动，而是高扬中国特色社会主义伟大旗帜，建设具有强大凝聚力和引领力的社会主义意识形态，不断推进马克思主义基本原理同中国具体实际相结合、同中华优秀传统文化相结合，开辟马克思主义中国化时代化新境界。丰富人民精神世界，需要建设好相应的载体和渠道，不断加强精神文化内容的有效供给，不断拓展人们精神生活的空间。

一是要践行社会主义核心价值观，推进公民理想信念教育。社会主义核心价值观，是以习近平同志为核心的党中央提出的重大战略思想，也是当代中国精神的集中体现，凝结着全体人民共同的价值追求。当今世界风云激荡，各种思想观念激烈碰撞，各种文化交锋错综复杂。在这样的情况下，我们必须践行社会主义核心价值观，推进公民理想信念教育，扩大主流价值观念的传播力和影响力。要牢记习近平总书记的谆谆教诲，做社会主义核心价值观的坚定信仰者、积极传播者、模范践行者，向英雄学习、向前辈学习、向榜样学习，争做堪当民族复兴重任的时代新人。

二是要弘扬中华民族传统美德，推进公民道德建设工程。中华民族历史悠久、底蕴深厚，五千年灿烂文明涵养出礼义廉耻的荣辱观念，天下兴亡、匹夫有责的爱国情怀，见贤思齐的社会风尚以及鞠躬尽瘁、死而后已的奉献精神等传统美德。弘扬传统美德是我党一贯作风，特别是党的十八大以来，相继出台《新时代公民道德建设实施纲要》《新时代爱国主义教育实施纲要》等重要文件，大力选树宣传“时代楷模”“道德模范”“中国好人”等模范，广泛引领塑造崇德向善、见贤思齐的社会氛围，全面推进社会公德、职业道德、家庭美德、个人品德建设。在新的历史征程上，我们要进一步推进公民道德建设工程，在全社会弘扬劳动精神、奋斗精神、奉献精神、创造精神、勤俭节约精神，培育时代新风新貌。

三是要大力发展教育事业，提高全社会文明程度。习近平总书记指出，教育是提高人民综合素质、促进人的全面发展的重要途径，是民族振兴、社会进步的重要基石。党的十八大以来，我国教育普及水平快速提升，教育总体发展水平跃居世界中上行列。在新的历史起点上，我们要大力促进各级各类教育协调发展，持续扩大优质教育资源供给，不断提升全民受教育程度。习近平总书记指出，要坚持把优先发展教育事业作为推动党和国家各项事业发展的重要先手棋，在经济社会发展规划上优先安排教育、财政资金投入上优先保障教育、公共资源配置上优先满足教育需要。

四是要加强公共文化设施建设，鼓励优秀文艺作品创作。文化是一个国家、一个民族的灵魂。文化兴则国运兴，文化强则民族强。公共文化设施是满足大众文化生活追求的重要载体。近年来，我国公共文化设施建设不断完善，有力地推动了公共文化领域的繁荣发展。大批优秀文艺作品、文创产品走进人们的生活，给人们提供了极高的审美享受。未来，我们要继续加强公共文化设施建设，尤其是加强偏远农村地区的文化设施建设，并依靠互联网科技，推动文化产品和服务的网络化、数字化和智能化，推进公共文化资源共建共享，实现公共文化服务公平提供。此外，我们还要在文艺创作中构筑中国精神和中国力量，讲好中国故事，传播中国声音，传递中国价值。

国无精神则不强，人无精神则不立。中国式现代化既需要物质的富足，更需要精神的富有。我们要不断丰富人民精神世界，提高社会文明程度，增强中华民族凝聚力和中华文化影响力，以推进全面建成社会主义现代化强国的新征程，创造人类文明新形态。

27

为什么推进中国式现代化要发展全过程人民民主？

民主一词源自古希腊语，本意是“人民统治”“主权在民”。作为一种政体形式，民主迄今已有 2500 多年历史，涵盖了从古代雅典公民直接民主政府到现代代议制政府等多种形式，是人类政治文明发展的结果。民主不是某个国家的专利，而是全人类的共同价值，没有任何一个国家有资格垄断对民主的定义权和裁判权。

从词源上看，“民主”是古希腊文中“人民”（demos）和“统治”（kratos）两词的组合，字面含义为“人民的统治”或“多数人的统治”，与独裁、专制相对立。从一般意义上看，所谓的民主，就是指人民所享有的参与国家事务和社会事务管理或对国事自由发表意见的权利。其过程是听取每个人的意见，目的是找到最大公约数，按大多数人的意见即公共利益办，而且一旦找到最大公约数，少数就要服从多数，不能再自行其是，从而让制度发挥出最大效能。据此，民主可以理解为是确保国家公民能够平等地实现其政治权利的一种国家制度和政治形式，具有人民性、具体性、实践性、历史性等特征，并以其体现众意、吸纳民智、代表群利、开发众力等内在功能而成为人类的共同目标和价值追求。

民主至关重要，是社会主义的生命。马克思认为，民主作为一种国家制度，是“整体的现实的人”的一种自由产物，是“人民的自我规定和人民的特定内容”。马克思在《哥达纲领批判》中将民主含义明确界定为“人民当权”。列宁继承并发展了马克思的民主理论，认为：“没有民主，就不可能有社会主义”；民主必须能够使全体居民普遍平等地参与一切国家事务；“人民这个大多数享有民主，对人民的剥削者、压迫者实行强力镇压，即把他们排斥于民主之外”。可以说，马克思主义经典作家提出的人民是国家政治生活的决定性因素，国家制度必须体现人民意志，民主是“人民自我规定性”在国家制度中的具体彰显等理论，第一次真正赋予了民主以正确内涵。

“‘鞋子合不合脚，自己穿了才知道。’一个国家的发展道路合不合适，只有这个国家的人民才最有发言权。”“民主”的内在逻辑，正可以用“鞋子理论”来进行论证。

从根本上看，一个国家民主不民主，关键在于是不是真正做到了人民当家作主，既要看人民有没有投票权，更要看人民有没有广泛参与权；既要看人民在选举过程中得到了什么许诺，更要看选举后这些承诺实现了多少；既要看制度和法律规定了什么样的政治程序和政治规则，更要看这些制度和法律是不是真正得到了执行；既要看权力运行规则和程序是否民主，更要看权力是否真正受到人民监督和制约。

从提出过程来看，发展人民民主，实现人民当家作主，始终是中国共产党孜孜以求的奋斗目标和不懈追求。1945 年 7 月，面对黄炎培提出的怎样跳出“历史周期率”的问题，毛泽东成竹在胸地回答说，中国共产党已经找到了跳出治乱兴衰的历史周期率的新路，这条新路就是民主，让人民监督政府，人人都起来负责，政府才不会松懈，就不会人亡政息。人民民主是我们党始终高举的旗帜，我们的国家就是人民当家作主的国家。经过革命、建设、改革各个历史时期，我们党团结带领各族人民为实现人民当家作主进行艰辛探索、不懈奋斗，逐步建立健全一套完整的制度体系和程序机制，成功开辟和坚持了中国特色社会主义政治发展道路，人民民主成为社会主义国家的政治基石和社会主义制度的显著优势。2019 年 11 月，习近平总书记到上海市虹桥街道基层立法联系点考察时指出，人民民主是一种全过程的民主。2021 年 7 月，在庆祝中国共产党成立 100 周年大会上的讲话中，习近平总书记作出“发展全过程人民民主”的重要论断。2021 年 10 月，在中央人大工作会议上，习近平总书记从基本内涵、鲜明特质、内在优势、评价体系、实践要求等方面对“全过程人民民主”进行了全面论述，极大丰富和完善了社会主义民主理论。他指出：我国全过程人民民主“是全链条、全方位、全覆盖的民主，是最广泛、最真实、最管用的社会主义民主”。2021 年 11 月，党的十九届六中全会正式将“发展全过程人民民主”纳入“十个明确”之中，成为习近平新时代中国特色社会主义思想中的一项重要内容。2022 年 10 月，习近平总书记在党的二十大报告中，从加强人民当家作主制度保障、全面发展协商民主、积极发展基层民主、巩固和发展最广泛的爱国统一战线四个方面对全过程人民民主作出系统阐述，并要求“健全人民当家作主制度体系，扩大人民有序政治参与，保证人民依法实行民主选举、民主协商、民主决策、民主管理、民主监督，发挥人民群众积极性、主动性、创造性，巩固和发展生动活泼、安定团结的政治局面”。这些重要论述视野宏大、思想深邃、内涵丰富，为我们全面理解和把握全过程人民民主的理论智慧和深刻意涵提供了方向指引和根本遵循。

从基本内涵来看，全过程人民民主主要体现在以下 12 个方面：一是中国式民主是人民民主，人民民主是社会主义的生命。二是人民当家作主是中国式民主的本质和核心，必须用制度体系保障人民当家作主。三是必须坚持党的领导、人民当家作主、依法治国有机统一，坚定走中国特色社会主义政治发展道路。四是选举民主和协商民主是中国式民主的两种重要形式，二者共同构成中国特色社会主义民主政治的特点和优势。五是发展中国式民主的关键是要把我国社会主义民主政治的特点和优势充分发挥出来，不断推进社会主义民主政治制度化、规范化、程序化。六是全过程人民民主是近代以来党团结带领人民长期奋斗历史逻辑、理论逻辑、实践逻辑的必然结果，是坚持党的本质属性、践行党的根本宗旨的必然要求。七是全过程人民民主是全链条、全方位、全覆盖的民主。八是全过程人民民主的高质量，促进了国家治理的高效能，提升了国家治理体系和治理能力现代化水平。九是全过程人民民主，形成和发展于党领导人民争取民族独立、人民解放和实现国家富强、人民幸福的不懈奋斗，符合中国国情、得到人民拥护，具有深厚现实基础和广阔发展前景。十是全过程人民民主，具有完整的制度程序和完整的参与实践，使选举民主和协商民主这两种重要民主形式更好结合起来，实现了最广大人民的广泛持续参与。十一是全过程人民民主既有鲜明的中国特色，也体现全人类共同价值，为丰富和发展人类政治文明贡献了中国智慧和中国方案。十二是要继续推进全过程人民民主建设，把人民当家作主具体地、现实地体现到党治国理政的政策措施上来，具体地、现实地体现到党和国家机关各个方面、各个层级工作上来，具体地、现实地体现到实现人民对美好生活向往的工作上来。

从基本特征来看，中国式民主是全过程民主。从某些国家民主实践来看，民主的“休眠现象”值得关注：人民只有在投票时被唤醒，投票后就进入“休眠期”，成为“沉睡的主权者”。但在中国，人民能享有全过程的民主权利，也就是指国家机器运转的每一个环节都必须体现民主，打破了“唯选票”的模式，保障了人民的民主选举、民主协商、民主决策、民主管理、民主监督等权利，涵盖了国家生活和社会生活的方方面面。

民主不是装饰品，不是用来做摆设的，而是要用来解决人民需要解决的问题的。“行得通、很管用”是中国式民主的显著优势。在中国共产党的领导下，立法、行政、监察、司法机关分工协作、相辅相成，能防止“议而不决”“决而不行”，可以做到“坚持全国一盘棋，调动各方积极性，集中力量办大事”。可以说，中国的全过程人民民主是最广泛、最真实、最管用的民主。具体来说：第一，全过程人民民主是最广泛的民主：全过程人民民主是全链条、全方位、全覆盖的民主，人民既充分享有民主选举权利，又充分享有民主协商、民主决策、民主管理、民主监督权利；既参与国家事务管理，又参与经济文化事业和社会事务管理；既参与国家发展顶层设计的意见建议征询，又参与地方公共事务治理；既通过党委、人大、政府、政协、监察机关、司法机关等渠道表达意愿，又通过人民团体、企事业单位、基层群众性自治组织、社会组织以及其他组织等渠道表达诉求。第二，全过程人民民主是最真实的民主：全过程人民民主不仅有完整的制度程序，而且有完整的参与实践，真正做到了人民当家作主。一方面，已经形成全面、广泛、有机衔接的人民当家作主制度体系，已经构成多样、畅通、有序的民主渠道，能够确保人民有序政治参与。另一方面，人民的意愿和呼声，经过民主决策程序顺利成为党和国家的方针政策，进而通过政权体系顺利转化为实现人民意愿的具体实践，能够确保人民真正当家作主。第三，全过程人民民主是最管用的民主：民主不是装饰品，不是用来做摆设的，而是要用来解决人民需要解决的问题的。全过程人民民主既发扬民主，又正确集中，能够把党的主张、国家意志、人民意愿紧密融合在一起，实现各方面在共同思想、共同利益、共同目标基础上的团结一致，使党、国家和人民成为目标相同、利益一致、相互交融、同心同向的整体，具有极大耦合力，有利于集中力量办大事，能够有效促进社会生产力解放和发展，促进现代化建设各项事业，促进人民生活质量和水平不断提高。

从实践要求来看，发展全过程人民民主是推进中国式现代化的应有之义。中国式现代化涉及经济、政治、文化、社会以及生态文明等多个领域，从工业、农业、国防和科学技术现代化的“四个现代化”到党的十二大在“四个现代化”的基础上增加了“高度文明、高度民主”，从党的十三大提出的“富强民主文明”，到党的十七大拓展为“富强民主文明和谐”，再到党的十九大进一步提出“富强民主文明和谐美丽”，现代化的内涵不断丰富。习近平总书记在党的二十大报告中指出：“中国式现代化，是中国共产党领导的社会主义现代化，既有各国现代化的共同特征，更有基于自己国情的中国特色。”我国民主建设植根于我国具体国情和历史文化传统，并伴随现代化的进程不断扩展和深化。在实践过程中，民主发展和现代化建设相互融合、互动共进。在中国式现代化的历史进程中，只有不断丰富人民当家作主的内容，拓展人民当家作主形式，畅通人民当家作主的渠道，提升人民当家作主的效果，更好将百姓期盼转化为政策指向，才能赢得民心，为中国式现代化凝聚起磅礴伟力，中国式现代化道路才能成功，中国式现代化国家才能建成。

履不必同，期于适足；治不必同，期于利民。全过程人民民主既是社会主义民主政治的本质属性，也是中国式现代化的本质要求；既是坚持人民主体地位和充分体现人民意志的民主，也是能最大限度保障人民权益和激发人民创造活力的民主。新时代新征程上，坚定不移走中国特色社会主义政治发展道路，继续发展全过程人民民主，不仅有利于推进中国式现代化行稳致远，而且有利于为解决人类共同面临的现代化问题提供更多更好的中国智慧、中国方案和中国力量！

28

如何理解中国式现代化的实现要靠全党全国各族人民的团结奋斗？

“全党全国各族人民要在党的旗帜下团结成‘一块坚硬的钢铁’，心往一处想、劲往一处使，推动中华民族伟大复兴号巨轮乘风破浪、扬帆远航。”在参加党的二十大广西代表团讨论时，习近平总书记强调“牢牢把握团结奋斗的时代要求”，汇聚起奋进新征程、建功新时代的磅礴力量。

百年来，我们党带领人民团结一致同心干、风雨无阻向前进，中华民族迎来从站起来、富起来到强起来的伟大飞跃，实现中华民族伟大复兴进入了不可逆转的历史进程。历史的启迪弥足珍贵：党和人民取得的一切成就都是团结奋斗的结果，团结奋斗是中国共产党和中国人民最显著的精神标识。党的十八大以来，我们党紧紧依靠人民，稳经济、促发展，战贫困、建小康，控疫情、抗大灾，应变局、化危机，攻克了一个个看似不可攻克的难关险阻，创造了一个个令人刮目相看的人间奇迹。实践充分证明，新时代的伟大成就是党和人民一道拼出来、干出来、奋斗出来的。

我们靠团结奋斗创造了辉煌历史，还要靠团结奋斗开辟美好未来。习近平总书记在党的二十大报告中指出，从现在起，中国共产党的中心任务就是团结带领全国各族人民全面建成社会主义现代化强国、实现第二个百年奋斗目标，以中国式现代化全面推进中华民族伟大复兴。由此可见，“中国式现代化”是路径，“团结奋斗”是关键。历史告诉我们，围绕明确奋斗目标形成的团结才是最牢固的团结，依靠紧密团结进行的奋斗才是最有力的奋斗。就如何推进中国式现代化，习近平总书记指出，要“坚持大团结大联合，动员全体中华儿女围绕实现中华民族伟大复兴中国梦一起来想、一起来干”，号召全党要“为全面建设社会主义现代化国家、全面推进中华民族伟大复兴而团结奋斗”。前进道路上，我们要始终坚持和加强党的全面领导，不断巩固全国各族人民大团结，加强海内外中华儿女大团结，形成中国式现代化道路上同心共圆中国梦的强大合力。

一、坚持大团结大联合，是以中国式现代化推进中华民族伟大复兴的必然要求

中国式现代化，有其自身的发展逻辑，它是与“团结奋斗”紧紧连在一起的。可以说，推进中国式现代化这一伟大历史进程，是受内在的一般规律支配的。这个历史规律，在恩格斯看来，是无数个愿望和行动互相冲突、互相协作而产生无数个力的平行四边形，即合力作用下的结果。人们自己创造着自己的历史，历史结果却是一个作为整体的、不自觉地和不自主地起着作用的力量的产物，群体意志相互交错融合为一个总的平均数、一个总的合力。马克思也曾表达过类似的观点：“一切规模较大的直接社会劳动或共同劳动，都或多或少地需要指挥，以协调个人的活动，并执行生产总体的运动。”因此，并不是个体的人无意识地盲目地行动就可以创造历史，促进社会发展要凝聚起最广大人民群众的意志和动力，着眼于整体利益，同时正视每个意志

对合力的贡献。

一百多年来，党带领人民取得的一切成就都是团结奋斗的结果。经过长期努力，党和人民已胜利实现第一个百年奋斗目标，正意气风发向着第二个百年奋斗目标迈进，实现中华民族伟大复兴进入了不可逆转的历史进程。党的二十大就新时代新征程党和国家事业发展制定了大政方针和战略部署，确定了到2035年我国发展的总体目标和未来5年的主要目标任务，擘画了以中国式现代化全面推进中华民族伟大复兴的宏伟蓝图，提出了新时代新征程中国共产党的使命任务。

我们党要以什么样的途径、方式、手段去带领人民实现奋斗目标、完成使命任务呢？这就是：在党的领导下推进大团结大联合。中国式现代化是以人民为中心的现代化，这与西方国家以资本为中心的现代化、两极分化的现代化、物质主义膨胀的现代化、对外扩张掠夺的现代化有着本质区别，是人类历史上最为宏大而独特的实践创新，已经积累了丰富经验、形成了规律性认识，但仍有大量改革难题、发展课题、矛盾问题需要破解，任务极其艰巨，难度世所罕见。正如习近平总书记所说："我们的现代化既是最难的，也是最伟大的。"中国式现代化之"难"就在于：在中国这样超大规模的国家实现现代化，是一个世界性和世纪性的难题。数据显示，迄今为止，全球完成工业化的发达国家和地区人口总和不超过10亿人。中国14亿多人口整体迈入现代化社会，无先例可循，更没有现成道路可走。中国式现代化之"难"，还在于当前形势的复杂严峻：一方面，从国际看，世界百年未有之大变局加速演进，世纪疫情影响深远，全球经济复苏乏力，各种传统和非传统安全问题相互交织，单边主义、保护主义、霸权主义等威胁加剧，敌对势力处心积虑阻滞中华民族伟大复兴的历史进程；另一方面，从国内看，形势环境变化之快、矛盾风险挑战之多、治国理政考验之大前所未有。

由此可见，大团结大联合是以中国式现代化推进中华民族伟大复兴的必然要求。面对内部的大党独有难题，面对外部的严峻复杂形势，为了缓和由无数个力因互相冲突而产生的无序局面并减少由此带来的内耗，便需要由以习近平同志为核心的党中央领航掌舵，发挥大团结大联合的统筹作用；便需要全党同志在习近平新时代中国特色社会主义思想引领下，着眼全局，团结内外，联合各方，推动历史向正确的方向前进。

越是接近目标，越是形势复杂，越是任务艰巨，就越是要善于团结奋斗，把各方面智慧和力量凝聚起来，形成海内外中华儿女心往一处想、劲往一处使的强大合力。我们靠团结奋斗创造了辉煌历史，还要靠团结奋斗开辟美好未来。正如习近平总书记所强调的："团结是中国人民和中华民族战胜前进道路上一切风险挑战、不断从胜利走向新的胜利的重要保证。"

二、坚持大团结大联合，是稳步推进中国式现代化的政治优势和强大法宝

为什么必然是共产党，而不是别的政党才能够担负起凝聚"历史合力"使命任务呢？马克思、恩格斯在《共产党宣言》中揭示了共产党和其他政党的不同。共产党人同其他无产阶级不同的地方在于，共产党人强调整个无产阶级共同的不分民族的利益，共产党人始终代表整个运动的利益，他们没有同整个无产阶级的利益不同的利益。一百多年来，中国共产党领导人民团结奋斗，取得了新民主主义革命、社会主义革命和建设的伟大胜利，开辟了改革开放和社会主义现代化建设的新局面，中国特色社会主义进入新时代。中国共产党为什么能够成功？关于这个问题的答案可能不止一个，但其中一个不可或缺的要素就是：党带领人民团结奋斗。作为一个马克思主义政党，中

国共产党人深刻地领悟到，历史进步的能量就蕴藏在我们党的身边，只要把周围的一切可以调动的力量调动起来，就一定能迸发出创造历史伟业的磅礴力量。这样的历史觉悟，已经成为一代又一代中国共产党人的深刻认知，进而转化为无与伦比的政治优势。

中国式现代化是中国共产党领导人民在坚持和发展中国特色社会主义、建设社会主义现代化国家的实践中的伟大创造，是实现中华民族伟大复兴的必由之路。在新时代的今天，发挥大团结大联合强大法宝作用的前提，就是要保证全党在政治上思想上行动上同以习近平同志为核心的党中央保持高度一致。如果回顾党的奋斗历史，可以看到：在遵义会议前，我们的党还没有形成一个成熟的党中央，难以实现全党在政治上思想上行动上的高度统一。这是党和人民事业在革命早期屡遭挫折甚至面临失败危险的重要原因。遵义会议开始确立以毛泽东同志为主要代表的马克思主义正确路线在党中央的领导地位，开始形成以毛泽东同志为核心的党的第一代中央领导集体。从此，中国共产党更加自觉地把党的团结统一视作党的生命，倍加呵护、倍加珍惜。新时代的今天，党面临形势环境的复杂性和严峻性、肩负任务的繁重性和艰巨性世所罕见、史所罕见。一方面，我国发展进入战略机遇和风险挑战并存、不确定难预料因素增多的时期，各种“黑天鹅”“灰犀牛”事件随时可能发生；另一方面，我们要实现的现代化是涉及经济、政治、社会、生态、文化、外交等各领域的现代化，必然要进行全方位的深刻社会变革，必然需要一个有着无比坚强领导力、组织力、执行力的领导核心来协调党和国家各方面关系、汇聚各方面力量，才能化解现代化过程中的各种矛盾与冲突。中国共产党的领导是发挥总揽全局、协调各方的领导核心作用，是政治、思想、组织的领导，具体体现在制定路线方针政策上，体现在干部和人才的选贤任能上，体现在把方向、谋大局、定政策、促改革上。习近平总书记指出，“我们推进的现代化，是中国共产党领导的社会主义现代化”，坚持和加强党的全面领导是中国式现代化的重大原则之一，也是中国式现代化的本质要求。无论是实现“经济高质量发展取得新突破，科技自立自强能力显著提升”的目标任务，还是落实“健全人民当家作主制度体系，扩大人民有序政治参与”的重大部署，无论是兑现“不断实现人民对美好生活的向往”的庄严承诺，还是建设“天更蓝、山更绿、水更清”的美丽中国，我们都要在以习近平同志为核心的党中央坚强领导下通过团结奋斗创造新的伟大成就。

同时，发挥大团结大联合强大法宝作用的根本在于要用习近平新时代中国特色社会主义思想统一意志和行动。科学理论就像一面旗帜，旗帜立起来了，团结奋斗才有目标和方向。党的指导思想就是党的旗帜，因此，党的团结统一必须建立在全党思想统一的基础上。党的十八大以来，以习近平同志为核心的党中央统筹中华民族伟大复兴的战略全局和世界百年未有之大变局，坚持把马克思主义基本原理同中国具体实际相结合，同中华优秀传统文化相结合，创立了习近平新时代中国特色社会主义思想，实现了马克思主义中国化时代化新的飞跃。当前，世界正处于大发展大变革大调整时期，各种思想文化相互激荡，交流交融交锋日益频繁，意识形态领域斗争尖锐复杂。特别是在我们以中国式现代化全面推进中华民族伟大复兴的新征程中，一些西方国家视中国为“最大的战略竞争对手”，借口现实中存在的问题攻击我们党的领导和我国社会主义制度，大肆宣扬西方的价值观，极力宣扬他们所谓的“普世价值”，依仗他们在经济、技术、金融、军事上的优势，采取各种手段、不惜任何代价来遏制打压中国，无所不用其极。目的就是通过搞乱我们的思想、分散我们的精力进而拖延和打击中国式现代化的顺利实现，以维持现有的国际秩序。越是在这种情况下，越要不断巩固习近平新时代中国特色社会主义思想的指导地位，不断用习近平新时代中国特色社会主义思想统一意志和行动。

三、坚持大团结大联合，携手画出中国式现代化道路上的最大“同心圆”

习近平总书记强调：“新的征程上，我们必须坚持大团结大联合，坚持一致性和多样性统一，加强思想政治引领，广泛凝聚共识，广聚天下英才，努力寻求最大公约数、画出最大同心圆，形成海内外全体中华儿女心往一处想、劲往一处使的生动局面，汇聚起实现民族复兴的磅礴力量！”习近平总书记强调的“同心圆”，就是在党的领导下，坚持大团结大联合，动员全国各族人民，调动各方面积极性，共同为实现中华民族伟大复兴的中国梦而奋斗。

以大团结大联合画出中国式现代化道路上的最大“同心圆”，要永葆“赶考”的清醒和坚定。全面建设社会主义现代化国家、全面推进中华民族伟大复兴，关键在党。早在70多年前，在中国革命即将取得全国胜利之际，中国共产党从西柏坡出发踏上“进京赶考”之路，毛泽东同志便谆谆告诫广大党员同志务必继续保持谦虚、谨慎、不骄、不躁的作风，务必继续保持艰苦奋斗的作风。今天，在我们迈上全面建设社会主义现代化国家新征程、向第二个百年奋斗目标进军的关键时刻，习近平总书记在党的二十大报告中强调，全党同志务必不忘初心、牢记使命，务必谦虚谨慎、艰苦奋斗，务必敢于斗争、善于斗争。从“两个务必”到“三个务必”，充分体现了中国共产党人一如既往的历史自觉。面对当前复杂的国际国内形势和具有长期性、艰巨性的各种考验，管党治党一刻也不能放松，必须坚定历史自信、增强历史主动，深入推进新时代党的建设新的伟大工程，以党的自我革命引领社会革命。坚持大团结大联合，要持之以恒推进全面从严治党，才能确保党不变质、不变色、不变味，确保党在新时代坚持和发展中国特色社会主义的历史进程中始终成为坚强领导核心。

以大团结大联合画出中国式现代化道路上的最大“同心圆”，要坚定人民至上立场。江山就是人民，人民就是江山。要坚持全心全意为人民服务的根本宗旨，为人民执政、靠人民执政，贯彻党的群众路线；坚持发展为了人民、发展依靠人民、发展成果由人民共享，让现代化建设成果更多更公平惠及全体人民。建设社会主义现代化国家、实现中华民族伟大复兴，不仅是中国共产党的历史使命，也是全体中华儿女的共同愿望。坚持大团结大联合，必须发挥党总揽全局、协调各方的领导核心作用，提高党科学执政、民主执政、依法执政水平，促进政党关系、民族关系、宗教关系、海内外同胞关系和谐共生，巩固和发展各民族大团结、全国人民大团结、全体中华儿女大团结。

以大团结大联合画出最大“同心圆”，要把握新的斗争规律和斗争策略。坚持发扬斗争精神，是我们在前进道路上必须牢牢把握的重大原则之一。党和人民取得的一切成就，不是天上掉下来的，不是别人恩赐的，而是通过不断斗争取得的。世界上既不存在定于一尊的现代化模式，也不存在放之四海而皆准的现代化标准。中国式现代化既不走封闭僵化的老路，也不走改旗易帜的邪路，而是在敢于斗争中时刻把国家和民族发展放在自己力量的基点上、把中国发展进步的命运牢牢掌握在自己手中，在斗争中争取团结，在斗争中谋求合作，在斗争中争取共赢。坚持大团结大联合，要始终保持斗争精神、把握斗争规律、讲求斗争艺术、掌握斗争策略，坚持增强忧患意识和保持战略定力相统一、坚持战略判断和战术决断相统一、坚持斗争过程和斗争实效相统一，以坚定的战略定力和高超的政治智慧开展许多具有新的历史特点的伟大斗争。

以大团结大联合画出最大“同心圆”，要正确处理好四大关系。坚持大团结大联合，一是要把握好固守圆心和扩大共识的关系，不断增进共识，真正把不同党派、不同民族、不同阶层、不同群体、不同信仰以及生活在不同社会制度下的全体中华儿女都团结起来。二是要把握好潜绩和显绩的关系，坚持正确政绩观，推动党的统战事业行稳致远。三是要把握好原则性和灵活性的关系，善于把方针政策的原则性和对策举措的灵活性结合起来，既站稳政治立场、坚守政治底线，又具体问题具体分析，注重工作方式方法。四是要把握好团结和斗争的关系，又要善于斗争、增强斗争本领，努力形成牢不可破的真团结。

“积力之所举，则无不胜也；众智之所为，则无不成也。”美好的蓝图需要埋头苦干、团结奋斗才能变为现实。

习近平总书记的铿锵宣示充满信心和力量——“党用伟大奋斗创造了百年伟业，也一定能用新的伟大奋斗创造新的伟业。”面向未来，让我们更加紧密地团结在以习近平同志为核心的党中央周围，全面贯彻习近平新时代中国特色社会主义思想，牢牢把握坚持大团结大联合的重大意义和时代要求，坚定信心、同心同德，埋头苦干、奋勇前进，深入贯彻落实党的二十大精神和党中央决策部署，为全面建设社会主义现代化国家、全面推进中华民族伟大复兴而团结奋斗，在新的赶考之路上向历史和人民交出新的优异答卷！

29

为什么推进中国式现代化要推动构建人类命运共同体？

“共同体”是人们共同意识、共同利益、共同诉求的产物。马克思认为未来的人类“共同体”应该融入人类发展的共产主义理想社会之中。他说：“代替那存在着阶级和阶级对立的资产阶级旧社会的，将是这样一个联合体，在那里每个人的自由发展是一切人的自由发展的条件”，“只有在共同体中，个人才能获得全面发展其才能的手段。”习近平总书记在新时代提出的“共同体”概念，其思想渊源可追溯到中华优秀传统文化中“天下为公”“天人合一”“和而不同”等政治、哲学、文化理念，顺应和发展了马克思主义基本观点，并伴随国际形势变迁和中国特色社会主义伟大实践而不断充实发展。

“以史为鉴、开创未来，必须不断推动构建人类命运共同体。”在庆祝中国共产党成立100周年大会上，习近平总书记深情回顾中国共产党百年奋斗的光辉历程，表达与世界一切进步力量携手开创美好未来的坚定决心，展现了中国共产党人的全球视野、天下情怀和大国担当。

这是一个百年大党面向世界、面向未来的郑重宣示，是一个拥有9800

多万名党员的世界最大执政党在新征程上继续为人类进步事业而奋斗的时代号角。

为人民谋幸福，为民族谋复兴，为世界谋大同，是中国共产党矢志不渝的追求。党的十八大以来，面对世界之变、时代之变、历史之变，习近平总书记心系人类前途命运，洞察世界大势，以深邃的历史眼光和博大的天下情怀，深入思考“建设一个什么样的世界、如何建设这个世界”等关乎人类前途命运的重大课题，高瞻远瞩地提出构建人类命运共同体的重要理念，深刻阐述构建人类命运共同体的丰富内涵、实现途径等重大问题，推动各国与中国携手走构建人类命运共同体的人间正道，为促进世界和平与发展、解决人类社会共同面临的问题贡献了中国智慧和中国方案。

党的二十大报告提出了“以中国式现代化全面推进中华民族伟大复兴”的使命任务，强调中国式现代化的本质要求之一就是要“推动构建人类命运共同体”。为什么推进中国式现代化要推动构建人类命运共同体？这需要从实践与理论、历史与现实的角度来分析。

历史和实践充分证明：推动构建人类命运共同体这条道路行得通、走得好。中华民族传承和追求和平和睦和谐理念。在长期实践中，我们党始终高举和平的旗帜，提出和坚持了和平共处五项原则，确立和奉行了独立自主的和平外交政策，向世界作出了永远不称霸、永远不搞扩张的庄严承诺，强调中国始终是维护世界和平的坚定力量。我们在政策上是这样规定的、制度上是这样设计的，在实践中更是一直这样做的。特别是党的十八大以来，习近平总书记胸怀天下，统筹中华民族伟大复兴战略全局和世界百年未有之大变局，深入思考“建设一个什么样的世界、如何建设这个世界”等关乎人类前途命运的重大课题，高瞻远瞩地提出中国方案：构建人类命运共同体，实现共赢共享。和平发展道路对中国有利、对世界有利，我们想不出有任何理由不坚持这条被实践证明是走得通的道路。

从文脉渊源来看，构建人类命运共同体，传承了中华优秀传统文化和智慧。中华传统文化中推崇“世界大同，天下一家”的天下观、“以和为贵，和而不同”的价值观、“天下为公，万国咸宁”的公平观、“以义为先，义利并举”的义利观、“天人合一，道法自然”的自然观，蕴含着丰厚的人类命运共同体基因。在新的历史条件下，习近平总书记将中华传统理念进行创新性发展，从中国和世界共同利益、全人类共同福祉出发，提出了推动构建人类命运共同体的理念。这一重要理念，植根于中华文化的深厚底蕴，是中华优秀传统文化的高度凝练和智慧结晶，蕴含着中华民族长久以来的政治诉求和社会理想，体现了和平、发展、公平、正义、民主、自由的全人类共同价值，是中华优秀传统文化对世界发展的重大贡献。

构建人类命运共同体是实现中华民族伟大复兴的内在要求。以中国式现代化全面推进中华民族伟大复兴，必须有和平的国际环境。没有和平，中国和世界都不可能顺利发展；没有发展，中国和世界也不可能有持久和平。要集中精力把自己的事情办好，使国家更加富强，使人民更加富裕，依靠不断发展起来的力量更好走和平发展道路。习近平总书记指出：“什么是当今世界的潮流？答案只有一个，那就是和平、发展、合作、共赢。中国不认同‘国强必霸’的陈旧逻辑。”当今世界，殖民主义、霸权主义的老路是走不通的，只有和平发展道路可以走得通。中国将坚定不移走和平发展道路，并且希望世界各国共同走和平发展道路。只有各国都走和平发展道路，各国才能共同发展，国与国才能和平相处。中国决不会以牺牲别国利益为代价来发展自己，也决不放弃自己的正当权益。任何国家不要指望中国会拿自己的核心利益做交易，任何人不要幻想让中国吞下损害自身利益的苦果。

从实践成果来看，构建人类命运共同体理念开辟了当代国际关系理论的崭新境界。习近平总书记指出，“世界潮流，浩浩荡荡，顺之则昌，逆之则亡。要跟上时代前进步伐，就不能身体已进入21世纪，而脑袋还停留在过去，停留在殖民扩张的旧时代里，停留在冷战思维、零和博弈老框框内”。人类命运共同体思想是马克思共同体思想的理论逻辑和人类社会发展的实践逻辑的有机统一，揭示了世界各国相互依存和人类命运紧密相连的客观现实和发展规律。它主张以和平发展超越冲突对抗、以共同安全取代绝对安全、以互利共赢摒弃零和博弈、以交流互鉴防止文明冲突、以绿色发展呵护地球家园，坚决回击了单边主义和霸凌行径，沉重打击了“文明冲突论”“种族优劣论”“国强必霸论”，实现了对传统国际关系理论的扬弃和超越，开辟了当代国际关系理论创新发展的新境界，成为引领时代潮流和人类前进方向的鲜明旗帜。

从世界范围来看，构建人类命运共同体，符合全人类共同利益。习近平总书记强调，“各国历史、文化、制度、发展水平不尽相同，但各国人民都追求和平、发展、公平、正义、民主、自由的全人类共同价值。我们要本着对人类前途命运高度负责的态度，做全人类共同价值的倡导者”。人类应该和衷共济、和合共生。推动构建人类命运共同体，必须弘扬全人类共同价值。和平、发展、公平、正义、民主、自由，是全人类的共同价值，能够为建设一个更加美好的世界提供正确理念指引。推动构建人类命运共同体，不是以一种制度代替另一种制度，不是以一种文明代替另一种文明，而是不同社会制度、不同意识形态、不同历史文化、不同发展水平的国家在国际事务中利益共生、权利共享、责任共担，形成共建美好世界的最大公约数。实践证明，各国只要同心协力，妥善应对各种问题和挑战，共同变压力为动力、化危机为生机，谋求合作安全、集体安全、共同安全，以合作取代对抗，以共赢取代独占，向着构建人类命运共同体不断迈进，才能共同创造更加美好的未来。

从发展前景来看，构建人类命运共同体，为人类未来发展指明了前进方向。纵观世界形势，人类社会遭遇多重危机，全球治理经历深刻变革，国际秩序面临严峻挑战，国际社会需要作出正确抉择。构建人类命运共同体理念回应了各国人民求和平、谋发展、促合作的普遍诉求，指明了不同国家、不同民族、不同文明的共同奋斗方向，为中国特色大国外交提供了时代坐标。习近平总书记在全国抗击新冠疫情表彰大会上的讲话中指出："抗疫斗争伟大实践再次证明，构建人类命运共同体所具有的广泛感召力，是应对人类共同挑战、建设更加繁荣美好世界的人间正道。"越来越多的国家认识到，世界命运应该由各国共同掌握，国际规则应该由各国共同书写，全球事务应该由各国共同治理，发展成果应该由各国共同分享，世界的未来一定是人类命运共同体的未来。

当前，世界之变、时代之变、历史之变正以前所未有的方式展开。和平赤字、发展赤字、安全赤字、治理赤字加重，人类社会面临前所未有的挑战，世界又一次站在历史的十字路口。习近平总书记在党的二十大报告中强调，中国始终坚持维护世界和平、促进共同发展的外交政策宗旨，致力于推动构建人类命运共同体。新时代新征程，中国维护世界和平的决心不会改变、促进共同发展的决心不会改变。立足新发展阶段，中国愿同各国一道，向着构建人类命运共同体的目标不断迈进，开创人类更加美好的未来。中国坚定奉行独立自主的和平外交政策，维护国际关系基本准则，维护国际公平正义；坚持在和平共处五项原则基础上同各国发展友好合作，推动构建新型国际关系，深化拓展平等、开放、合作的全球伙伴关系，加强同发展中国家团结合作；坚定奉行互利共赢的开放战略，不断以中国新发展为世界提供新机遇，推动建设开放型世界经济；坚持经济全球化正确方向，坚持真正的多边主义，推进国际关系民主化，推动全球治理朝着更加公正合理的方向发展；提出全球发展倡议、全球安全倡议，呼吁世界各国弘扬和平、发展、公平、正义、民主、自由的全人类共同价值。中国将始终高举和平、发展、合作、共赢旗帜，始终做世界和平的建设者、全球发展的贡献者、国际秩序的维护者，努力为人类作出新的更大贡献。

大道之行，天下为公。当今世界，和平、发展、合作、共赢是主旋律，全球性问题和挑战也层出不穷。沧海横流，更当阔步人间正道。无论通向美好未来的道路有怎样的艰难险阻，中国将始终与世界携手同行，坚持推动构建人类命运共同体，不断为人类进步事业作出更大贡献。我们相信，只要国际社会携起手来，就一定能够共同创造一个更加美好的未来！

30

为什么说“两个确立”对新时代党和国家事业发展、对推进中华民族伟大复兴历史进程具有决定性意义？

党的二十大描绘了以中国式现代化全面推进中华民族伟大复兴的宏伟蓝图，开启了充满光荣和梦想的新的远征。开局关乎全局，起步决定全程。习近平总书记深刻指出：“治理我们这样的大党大国，如果没有党中央权威和集中统一领导，如果没有全党全国思想统一、步调一致，什么事也办不成。”在新的伟大征程上，深刻认识“两个确立”对新时代党和国家事业发展、对推进中华民族伟大复兴历史进程具有的决定性意义，对于在新征程上满怀信心开新局展新貌，全面建设社会主义现代化国家至关重要。

第一，坚强的领导核心是以中国式现代化全面推进中华民族伟大复兴的根本政治保证。

恩格斯以大海上航行的轮船为例，强调“在危急关头，大家的生命能否得救，就要看所有的人能否立即绝对服从一个人的意志”。拥有坚强核心的政党，才拥有强大的力量。党的十八大以来，中国特色社会主义进入新时代，党和国家面临的形势之复杂、斗争之严峻、改革发展稳定任务之艰巨世所罕见、史所罕见。我们这样一个有着 9800 多万党员的大党，有着 56 个民族和 14 亿多人口的大国，如果党中央没有核心、全党没有核心，是不可想象的，是很容易搞散的，是什么事情也办不成的。

习近平总书记以马克思主义政治家、思想家、战略家的非凡理论勇气、卓越政治智慧、强烈使命担当，以“我将无我、不负人民”的赤子情怀，带领全党全军全国各族人民披荆斩棘，建立非凡之功；习近平同志对关系新时代党和国家事业发展的一系列重大理论和实践问题进行了深邃思考和科学判断，就新时代坚持和发展什么样的中国特色社会主义、怎样坚持和发展中国特色社会主义，建设什么样的社会主义现代化强国、怎样建设社会主义现代化强国，建设什么样的长期执政的马克思主义政党、怎样建设长期执政的马克思主义政党等重大时代课题，提出一系列原创性的治国理政新理念新思想新战略，是习近平新时代中国特色社会主义思想的主要创立者。正是因为有习近平总书记领航掌舵，全党才有了“顶梁柱”，14 亿多中国人民才有了“主心骨”；正是有了习近平新时代中国特色社会主义思想的科学指引，全党全军全国各族人民才有了思想上的“定盘星”、行动上的“指南针”。

第二，科学的理论指导是以中国式现代化全面推进中华民族伟大复兴的强大思想武器。

马克思指出，理论一经掌握群众，也会变成物质力量。列宁指出，只有以先进理论为指南的党，才能实现先进战士的作用。中国共产党为什么能，中国特色社会主义为什么好，归根到底是马克思主义行。马克思主义之所以行，就在于我们党不断推进马克思主义中国化时代化并用以指导实践。

拥有科学理论的政党，才拥有光明的前途。回望百年奋斗历程，我们党之所以能够完成中国其他各种政治力量不可能完成的艰巨任务，不断推进民族复兴伟业，根本在于坚持把马克思主义基本原理同中国具体实际相结合、同中华优秀传统文化相结合，不断推进马克思主义中国化时代化，指导中国人民不断推进伟大社会革命。毛泽东同志强调，指导一个伟大的革命运动的政党，如果没有革命理论，要取得胜利是不可能的。邓小平同志强调，所谓全党成熟，首先是在思想上，我们党有了把马克思列宁主义同中国革命的具体实践相结合的毛泽东思想。正因为有不断发展的马克思主义指导，才有无产阶级政党的创立和社会主义国家的诞生，才会创造出发展中国家走向现代化途径的中国特色社会主义道路。

党的十八大以来，中国特色社会主义进入新时代。新时代党所面临的主要任务是，实现第一个百年奋斗目标，开启实现第二个百年奋斗目标新征程，朝着实现中华民族伟大复兴的宏伟目标继续前进。伟大时代诞生引领时代前进的伟大思想，科学理论总是与伟大实践相互激荡。习近平新时代中国特色社会主义思想是当代中国马克思主义、21世纪马克思主义，是中华文化和中国精神的时代精华，实现了马克思主义中国化时代化新的飞跃。实践雄辩地证明：确立习近平新时代中国特色社会主义思想的指导地位，我们党就能在中华民族伟大复兴战略全局和世界百年未有之大变局深度演进互动的复杂条件下，坚持正确前进方向，乘风破浪不迷航；就能始终把握发展规律，运用科学世界观和方法论谋划事业发展、应对风险挑战，带领全国各族人民不断开辟中华民族伟大复兴的光明前景。

第三，从新时代党和国家事业发展、推进中华民族伟大复兴历史进程角度深刻认识把握“两个确立”具有的决定性意义。

新时代以来党和国家事业取得历史性成就、发生历史性变革，推动我国迈上全面建设社会主义现代化国家新征程，最根本的原因在于有习近平总书记作为党中央的核心、全党的核心掌舵领航，有习近平新时代中国特色社会主义思想科学指引。正是因为全党同志坚决做到“两个维护”、坚决拥护“两个确立”，才使实现中华民族伟大复兴进入不可逆转的历史进程成为可能。党的十九届六中全会审议通过的《中共中央关于党的百年奋斗重大成就和历史经验的决议》强调，党确立习近平同志党中央的核心、全党的核心地位，确立习近平新时代中国特色社会主义思想的指导地位，反映了全党全军全国各族人民共同心愿，对新时代党和国家事业发展、对推进中华民族伟大复兴历史进程具有决定性意义。

“两个确立”是成功应对前进道路上一切风险考验的根本保证。中国式现代化是人口规模巨大的现代化，是全体人民共同富裕的现代化，是物质文明和精神文明相协调的现代化，是人与自然和谐共生的现代化，是走和平发展道路的现代化。每一个现代化目标的实现都具有世界级的难度系数。面对人类历史上前所未有的艰巨的现代化使命，中国共产党人没有其他选择，唯有担当。中华民族伟大复兴绝不是轻轻松松、敲锣打鼓就能实现的，在新的赶考路上，一定会有很多风高浪急甚至惊涛骇浪需要成功应对，这就需要把维护党中央权威和集中统一领导变成应对一切外部和内部矛盾、风险考验的定海神针。

“两个确立”是成功推进全面深化改革的根本条件。中国特色社会主义制度的建立和完善，离不开马克思主义的指导，也离不开毛泽东、邓小平等党的领袖的原创性贡献、主动谋划和有力推动。党的十八大以来，中国进入推进国家治理体系和治理能力现代化的冲刺阶段，要建立各方面比较成熟和定型的制度体系，就要破除一切体制机制的顽瘴痼疾，这离不开核心的掌舵定向、真理的指引领航。十多年来，中国共产党同步推进改革创新和建章立制两件大事，在坚持和完善中国特色社会主义制度方面取得了历史性成就、发生了历史性变革，这是以习近平同志为核心的党中央果断谋划、周密设计、大胆推动的结果。继续推进全面深化改革，使中国特色社会主义制度更加完善、更加巩固，制度的优越性充分展现，拥护“两个确立”须臾不可离。

“两个确立”是把中国变成不确定性世界中具有高度确定性国家的决定性因素。“两个确立”保证了当前及今后一段时期内国家发展战略的高度稳定和可持续。“两个确立”不仅使中国共产党成为长期执政的马克思主义政党，也有助于维护社会秩序和长期稳定，有助于世界各国人民增强对中国发展良好势头的信心。中国的发展战略、建设现代化国家的目标不会改变，进一步加大对外开放的决心不会改变。中国的发展不但能够造福中国人民，也惠及了全世界。

作为中国共产党理论和实践的产物，“两个确立”不是凭空出现的，也不是别国经验的简单复刻和剪裁嫁接，而是在艰苦的革命斗争、激荡的历史搏击中凝结而成的智慧结晶，是历史选择、时代呼唤、人民心声、思想旗帜，是关键时期形成的重大政治成果，是在复杂变局下形成的明确导向。中国共产党是马克思列宁主义与中国工人运动相结合的产物，“两个确立”是中国共产党基于唯物史观两个基本原理所作出的必然选择：一个是人民群众是历史的创造者，同时又承认个人对社会发展的影响作用甚至是重大影响作用的原理；一个是社会存在决定社会意识、社会意识反作用于社会存在的原理。“两个确立”遵循不断推进马克思主义中国化时代化的客观规律，是中国共产党实现团结统一、永葆先进性和纯洁性的根本保证。做到“两个确立”是成功应对前进道路上的各种风险考验，确保中国共产党带领中国人民全面建成社会主义现代化强国，顺利实现第二个百年奋斗目标，从而以中国式现代化全面推进中华民族伟大复兴的必然要求。

习近平在庆祝中国共产党成立100周年大会上指出：“中国共产党和中国人民以英勇顽强的奋斗向世界庄严宣告，中华民族迎来了从站起来、富起来到强起来的伟大飞跃，实现中华民族伟大复兴进入了不可逆转的历史进程！”征程越是壮阔，目标越是远大，越需要核心的掌舵定向、真理的指引领航。“两个确立”不仅是创造新时代伟大成就的制胜密码，更是中国共产党、中国人民、中华民族走向辉煌未来的根本保证！

跋

中国式现代化：道阻且长　行则将至

诗人木心在《从前慢》里面这样写道："从前的日色变得慢；车，马，邮件都慢；一生只够爱一个人。"浪漫与美好的诗句将人们的思绪拉回到过去的慢生活，唤起了人们的怀旧情绪。而随着近年来我国经济社会快速发展，人民生活环境、生活方式发生了巨大变化，旧式的慢生活也随之变成了现代化的快节奏生活。可能我们会怀念过去，怀念那种"采菊东篱下，悠然见南山"的慢生活。但我想，我们恐怕也很难放弃现代化为我们带来的便利，去接受回到过去那种物资匮乏、交通不便和没有网络的时代吧？

从人类历史来看，现代化是一种从不发达到发达的世界历史现象，也是人类文明形态的演变过程，还是一种发展战略的目标和路径。中国式现代化道路有着非常清晰的历史脉络和历史轨迹，是近代以来中国人实现民族独立、谋求民族复兴历史进程中的必然产物，具有较强的历史逻辑和历史必然。中国共产党充分发扬历史主动精神进行实践探索，不断总结经验教训进行理论总结和理论创新，为坚持以中国式现代化推进中华民族伟大复兴提供了理论指引、注入了强劲动力。

习近平总书记在庆祝中国共产党成立100周年大会上的讲话中指出："我们坚持和发展中国特色社会主义，推动物质文明、政治文明、精神文明、社会文明、生态文明协调发展，创造了中国式现代化新道路，创造了人类文明新形态。"在此基础上，习近平总书记进一步概括了中国式现代化的五方面特征："我国现代化是人口规模巨大的现代化，是全体人民共同富裕的现代化，是物质文明和精神文明相协调的现代化，是人与自然和谐共生的现代化，是走和平发展道路的现代化。"《中共中央关于党的百年奋斗重大成就和历史经验的决议》指出了中国式现代化的世界历史意义："创造了人类文明新形态，拓展了发展中国家走向现代化的途径，给世界上那些既希望加快发展又希望保持自身独立性的国家和民族提供了全新选择。"

"道阻且长，行则将至。"这是习近平总书记在第二十届中央政治局常委第一次同中外记者见面时的庄严宣告，掷地有声，振奋人心。"推进中国式现代化是一个系统工程，需要统筹兼顾、系统谋划、整体推进"，在学习贯彻习近平新时代中国特色社会主义思想和党的二十大精神研讨班开班式上，习近平总书记进一步对推进中国式现代化需要处理好的若干重大关系作出深刻阐释、提出明确要求，这是我们党对推进中国式现代化认识的深化与拓展。毫无疑问，迄今，中国式现代化已经取得了伟大的历史性成就，已经破解了人类社会发展的诸多难题。相信在中国进入新发展阶段的历史方位下，中国式现代化必将继续呈现出更加光明的前景。

作为一名理论工作者，在深入学习习近平总书记相关重要论述精神的过程中，我深刻感受到："中国式现代化"拥有一套科学完整的理论体系，这里面蕴含着先进的指导思想、完善的知识框架和非凡的战略意义。对于这本书而言，从初期的资料收集，到中期的目录排布，再到后期的逐篇打磨，每个环节都经过了认真且慎重的考量。从框架来看，全书以“中国式现代化面临的形势与任务”“中国式现代化独具的特色与优势”以及“中国式现代化实现的进路与指南”三个篇章为主要框架。为了更好地呈现出中国式现代化科学理论体系的多维性与立体性，我在三个篇章之下又分别选取十个不同理论视角进行单独阐释，这些议题主要涵盖中国式现代化的“同”与“不同”、要素及其关系、优势与进路等诸多方面。本书在体例方面进行了全新的尝试，采用了问答式写法。希望通过这种深入浅出的写作方式，能够引发读者更深刻的思考，使大家和我共同深入探究中国式现代化这一伟大的时代课题。

在成书过程中，来自各方面的关心和支持让我深受感动。借此机会，要对在学术研究方面给予我指导帮助的各位领导、老师和同仁致以衷心的感谢！也要感谢湖南人民出版社和湖南电子音像出版社对本书的大力支持，使其得以呈现在读者面前。

鉴于本人的水平和经验所限，书中不周之处在所难免，敬请读者批评指正。

李熠

2024 年 3 月